不動産投資の曲がり角で、どうする？

住宅コンサルタント

寺岡 孝

CROSSMEDIA PUBLISHING

90％の**失敗者**になるか、
10％の**成功者**に賭けるか

　近年、不動産投資をめぐる話題では、「スルガショック」を皮切りに、レオパレス21の施工不良問題や偽装行為、加えて西武信用金庫やタテルによる不正融資といった暗いニュースばかりです。そういう意味で、不動産投資に対してはいいイメージを持っていない方が多いかもしれません。

　こうした不祥事を見ていると、過去にあったバブル崩壊の前兆とよく似ていることがわかります。皆さんはお気づきでしょうか？　その当時の出来事では、耐震偽装で問題となった姉歯事件を皮切りにマンション販売業者は倒産に追い込まれました。

　また、金融機関の不動産に対する融資が多すぎた結果、国が融資の引き締めをし、結果的に多くの不動産会社は倒産という流れになったのです。

　姉歯事件のような不祥事はレオパレスの問題に該当し、金融の引き締めはスルガ銀行などの不正融資発覚後にローン貸出の引き締めという流れに該当しています。

とくに、不動産に対する融資は2019年4月以降、厳しくなっています。

　そのような状況もあって、かつて加熱気味だった「中古一棟マンション」ブームは去りました。実質的に融資が下りないからです。しかし、その一方で「新築ワンルーム」「中古ワンルーム」をゴリ押しする業者の構造にも注意したいところです。

　ここで話は少し変わります。バブル期の不動産価格の上昇は需要の喪失につながりましたが、現在の都心の新築マンションも**価格が高すぎて売れない物件**が続出していて、似たような状況下にあります。

　こうした現象を鑑みると、90年代の「バブル崩壊」を彷彿させるものであり、過去の教訓も喉元過ぎれば熱さを忘れるがごとくです。

　投資家は、楽してお金を手にしたいという強欲や、将来も永遠に不動産価格が上がるという幻想に流されています。これは、投資家自身のリテラシーの低さも手伝っているということなのでしょう。

　ババ抜きのトランプゲームは、最後までババ1枚を持っていると負けるわけですが、不動産投資をババ抜きのゲー

ムに例えると、ババの数は1枚ではなく、そのほとんどが
ババだと考えてもおかしくありません。現に弊社に相談に
来られるほとんどのお客様が、そのババを引いている状況
で、現時点で損切をした方がよいと思える方々が大半なの
です。

■ 業界が創り上げた「不動産はローリスク・ミドルリターン」という嘘

　巷でいう不動産投資とは、ある意味、不動産の物件を買
ってもらうために編み出した販売手法のひとつという側面
があります。加えて、不動産会社が著者になっている書籍
も多数出回っており、そこには家賃収入を得るメリットや、
将来得られる不労所得について書かれています。しかも、
借金状態にあるにもかかわらず、それを「資産」と定義し
ているものさえあり、読者を煙に巻いています。

　不動産投資会社のセールストークは、将来の不安を煽り、
弱い人間の心に巧みに付け込む要素が巧妙に展開されてい
るため、知識のない投資初心者が騙されてしまうのは当然
なのです。「不動産はローリスク・ミドルリターン」とい
う根拠のない理論を展開している営業担当もいるようです。

「節税効果」「生命保険代わり」「年金代わり」「資産形成」「スケールメリット」――これらをキーワードに「将来への不安が、不動産投資で解消するかもしれない」というイメージを抱かせて、ほぼ儲からないであろう投資物件（経済状況、不動産市況がいい意味で激変すれば儲かる）を買わせるのが不動産投資会社の手法です。

　不動産投資会社の営業は、大した資料も提示することもなく、イメージ先行で話を進めますから、株式投資などの金融商品とは異なり、目論見書も存在しません。したがって、収支計画を出す必要もなく、極端な話、物件さえ買ってもらえばいいわけです。

　私は、こうした手法にまんまと乗せられてしまった人々を数多く見てきました。節税できると言われて２億円の物件を買わされた人、将来の生活不安から不動産投資をすれば収入も安定し、サラリーマンも辞められるという希望的観測で一棟マンションを買った人など、収入よりも借金の返済が膨らみ、逆ザヤで苦しんでいます。

　2016年４月に上梓しました拙著『不動産投資は出口戦略が９割』でご紹介した失敗事例のような相談が、残念ながらいまも途絶えることがないのが現実です。

　こうしてみると、改めて投資家が「お金と不動産のリテ

ラシー」を持ちあわせていないということを痛感させられ
ます。

改めて問う、不動産における、３つの価値

不動産には「**使用価値**」「**希少価値**」「**市場価値**」の３つ
の価値があります。

　使用価値とは、戸建てやマンションなどの不動産を購
入したときの満足感です。投資目的・住居目的でも共通の
価値として問われますが、主に住居目的のときに重視され
る価値です。

　希少価値とは、立地条件の良し悪しです。駅近・徒歩
圏、環境がよい、などです。生活の利便性などとかかわる
ため、投資目的・住居目的共通の価値になります。

　市場価値とは、収益還元法とかかわります。都市部な
どで資産性の高い不動産を持っている方が該当します。投
資目的・住居目的共通の価値にはなりますが、投資目的の
場合はとくに重要になります。

　簡単に説明いたしましたが、以上のことは不動産投資を
行う際に絶対外せない視点になります。この３つが満たさ

れている投資物件なら、購入する価値はあるでしょう。

　ただし、市場で取引されている物件で３つの価値を満たしているものは、**すでに買われてしまっている**と思います。

　ですから、投資される場合は、まずは冷静な頭で検討されることをお勧めします。

　さて、このような状況を知っていただければ、不動産投資は「曲がり角」にさしかかっていることがおわかりかと思います。

　・東京23区や大阪市内の過剰なワンルーム需要に、どうする？

　・購入した年金代わりのワンルームマンションの今後に、どうする？

　・購入した利回りの大きい地方ボロ物件を、どうする？

　・購入したマンション・アパートの損切を、どうする？

　・コロナ禍の賃料延滞と空室リスクを、どうする？

　皆さんの頭の中で「で、どうする？」という言葉がリフレインしていると思われます。

2019年末から世界中にパンデミックをもたらした新型コロナウイルス感染症の影響下、様々な業態が経営の危機に瀕し、あるいは転換点を迎えています。また、不動産投資の世界における淘汰のスピードもこれから加速するでしょう。コロナ禍で誰が生き残り、誰が市場から退場していくのか。実は、これから物件の購入を検討している方、すでに複数戸を購入した方も、その未来はすでに見え始めているのです。

　はたして、いま不動産に投資すべきかどうか。
　いまある投資物件を保持すべきかどうか。

　改めて不動産投資を考え直すときなのではないでしょうか？

3章 不動産投資の現実、何が問題なのか？

4章 サラリーマン大家という幻想

5章　不動産投資で
カモられないための　**相談事例**

1章

コロナショックで
不動産投資はどう変わるか？

いま、不動産投資は新たな局面に直面しています。

　人生100年時代の長い老後に備え、年金のみでは余生を楽しめず、政府も国民に「投資」を推奨するようになり、これまでは経営者やお金持ちがするものというイメージだった投資も、少額から始められることで参入者が増加傾向にあります。

　それは、不動産投資も同じで、大地主がしているというようなイメージはすでに古いものになっています。

　残念ながら、土地や資金、知識も持たない人は、リスクもわからないまま、不動産投資会社の謳い文句を疑いもせずに鵜呑みにしてしまいます。こうした人々がカモにされて起きている不正融資や不祥事は、"不動産投資業界の限界"が来ているサインです。

　大家業の本質は賃貸経営。サラリーマン大家は儲からず、資金力のない不動産投資会社や素人は淘汰され、不動産投資業界にはプロだけしか残らない未来がすぐそこまで来ています。

　それに拍車をかけているのが、2019年末から世界に拡がった新型コロナウイルス感染症です。世界各国で緊急事態宣言のもと、人々は自粛生活をよぎなくされ、私たちの暮らしと働き方が一変しようとしています。

　そのようなコロナ禍の中では経済活動も低迷し、様々な業態が経営破綻の危機と直面しながらリスク対策に追われています。では、不動産投資はどのリスクと直面し、どのような変化がこれから訪れるのでしょうか。

［1］
アフターコロナで変化する
不動産市況

┃ コロナ禍で働き方が変わる

　コロナの影響で働き方が大きく変わってきました。

　私のいるオフィス近辺では製薬会社や金融関係の大手企業が多く、今年の4月以降は日中、街に人が歩く姿はほとんどありません。

　緊急事態宣言が出てからは、いわゆるテレワークや在宅ワークが大手企業では進んでおり、ある大手企業に勤めるお客様は会社に来たのは月に1、2度ということです。

　いままでの働き方は都心にあるオフィスに毎日、通勤することが前提で、それは普遍的なものでした。

　私もサラリーマン時代は毎朝、会社に出勤するということが当たり前で、しかも就業規則にある始業時間よりも30分や1時間前からオフィスに出向き、早朝から会議や個別ミーティングなどを行っていた時代を思い出します。

　個人的には就業規則の始業時間前に出社するのは非常に
ナンセンスなものと感じていましたし、インターネット環
境が進むにしたがって、わざわざ会社に来てミーティング
などをしなくてもいい時代は来ると思っていました。

　それが、意外なきっかけで在宅を前提とした働き方の時
代がやってきたのです。

職住近接の都心住まいは
アフターコロナで必要か？

　世界中を恐怖に陥れた新型コロナウイルスですが、ご承
知の通り、いままで経験したことがない生活をしていかな
ければならない現実に直面しています。

　リモートワークや在宅ワークといった働き方の変化で、
職住近接の住まいは不要になる可能性が出てきました。

　無駄な通勤時間やその苦痛は在宅ワークに慣れてしまう
と、二度と戻りたくはないものです。

　さて、そんな在宅ワークの到来は自らの住まいにも影響
が出てきています。

　とくに、子どもがいる家庭では学校にも行けないので、

家族全員がずっと家にいることになります。

　そうなると、手狭なマンション住まいでは在宅ワークができる場所を確保するのは非常に難しい環境になります。

　まして、共稼ぎで奥様も在宅ワークとなれば、ワークをする場所が２カ所も必要になります。となれば、マンション住まいではますます難しい環境になり、かなりのストレスがかかることになります。

　大金のローンを組んで買った都内のマンションの役割は、あくまでも都心にあるオフィスに通うことが大前提でした。したがって、かなり無理なローンを組んで買っている共稼ぎ夫婦が多いはずです。

　ところが、コロナ禍の状況下では、この都内のマンションでは、その役割を果たすどころか、かえってストレスの溜まる住まいと化しているのです。

　マンションの間取りの大半は３ＬＤＫで、都心に近づくにつれて２ＬＤＫの手狭な間取りになります。仮に３ＬＤＫのマンションに住んで在宅ワークを想定してみると、夫婦２人だけであればなんとかなりますが、子どもが２人もいると大変です。

　ニューノーマルが定着し始めると、例えば、都心のマンション住まいという形態は不適格な住まいになりかねません。そもそも「都心のマンション住まいをする」という想定は夫婦共働き、子どもが１人ないし、２人、マンションのタイプは３ＬＤＫで専有面積が概ね60〜70㎡程度。日中は家族の大半が家にいない想定で考えられた住まいですから、到底、夫婦２人がそれぞれ在宅ワークをするスペースはありません。

　こんなマンション住まいで、仮に夫婦が共に在宅ワークとなれば、かなりストレスがかかるのは至極当然で、狭いマンション住まいと在宅ワークの共生は難しいでしょう。

　このような日常生活が１カ月も続くと住まいの住み替えを検討し始めます。

　では、在宅ワークを前提で住まいを考えた場合、マンションには限界があることが気づかされ、部屋数が多く取れる戸建ての方が、家の中でワークスペースとプライベートスペースの区分けがしやすいことがわかります。

［2］
アフターコロナの住まいは
マンション？　それとも戸建て？

　そもそも、都心のマンションに住むということは、基本的に寝に帰る場所だけであって、仕事場で自宅を利用するという概念はありません。

　したがって、都心にできる限り近く、しかもアクセスが優れているという点だけが高い評価を受けていましたので、住まいの広さには目を瞑り、とにかく立地ありきでの住まいを優先させていたのです。

　ところが、在宅ワークなどを強いられることになると、マンションの場合には個室の少なさが在宅ワークには致命的で、向かないことが明らかになりました。

　そこで、考えられるのは**都心から少し離れた戸建ての住まいの見直し**になります。

　現に、コロナ疎開と言われるように、都心から那須や軽井沢といった別荘地に引きこもる人が増えましたが、マンションと比べると部屋数が多い戸建てに目が向き始めるのは至って自然なことでしょう。

一戸建ての間取り次第で
快適な在宅ワークが可能に

　では、一戸建ての住まいではどういった間取りが在宅ワークに向くのでしょうか？

　従来の一戸建ての間取りは２階建ての場合、１階に和室とＬＤＫ、それに洗面、トイレ、浴室、２階が寝室と子ども部屋２部屋というパターンが一般的でした。

　ところが、近年の住まいでは断熱性能や外部からの遮音性能がよくなり、広いワンルームの中にＬＤＫや和室コーナーなどで１階の間取りが構成されていたり、２階に行く階段はリビングを経由してからでないと２階に上がれないというような間取りに人気があります。

　こうした間取りに加えて、在宅ワークをするスペースを取る間取りを考えてみましょう。

　在宅ワークではリモートやＴＶ会議なども対応しなくてはなりません。

　そうなると、一部屋ぶん余計につくるという考え方になります。

　新たな部屋をつくるとなれば、カンタンにできる方法と

しては広い部屋を建具で仕切って簡易的に在宅ワークスペースをつくってみてはと思います。

　例えば、リビングルームの一角に３帖程度の空間を建具で仕切るとか、寝室に同様な形でスペースをつくってみるといいかもしれません。

　また、これから住宅購入を検討する場合には、こうした在宅ワークができるスペースがある、あるいはつくることができる住まいがいいでしょう。

〈在宅ワークができる戸建ての間取り例〉

浴室　洗面室　WC　玄関

UP

ホール

収納　キッチン

ダイニング　リビング

在宅ワークスペース

　階段の踊り場やホールにカウンターを設け、ＰＣやプリンターを置き天井からはロールスクリーンを下げてＴＶ会議ができるようにするというような設計、設備が必要でしょう。

　いわゆる「ハウスオフィス」という場所を自宅に設ける発想が、これからの住まいには必要不可欠になりそうです。

　サラリーマンといえども、自宅で活動する個人事業主的なスタンスで、住まいづくりが必要な時代になりそうです。

オフィス需要も激変するか？

　不動産業界では街に多くの人を集めることで、そこの不動産価値を上げることがひとつのビジネス戦略でした。

　大手の不動産会社ではホテルやオフィス、ショッピングモールなどをある一定の場所に集約させて、そこで発生する賃料で収益がうまく上げられるようにオフィスビルや商業ビル計画をする、そうすることで不動産価値を上げるというビジネスモデルです。

　例えば、若者に人気のある渋谷ではオフィスの床面積が不足気味でしたが、これからのオフィス需要は大きく影響を受けることとなります。

　コロナ問題が起きてからは一定の社会的距離を保つこと

が必然とされ、コロナが収束できたとしてもニューノーマルが定着すれば、広いオフィスは不要になります。

現に、都心のオフィスはすべて解約してしまい、社員全員が在宅ワークに変わったという企業もあります。

そうなると、広いオフィスを貸し出しすることで多額の賃料を得ていた不動産会社は方向転換を余儀なくされるでしょう。

森トラストの2018年12月時点での調査では23区の大規模オフィス（延床面積10,000㎡以上）の供給量は過去20年で4番目の高水準だったとのことです。

コロナを機にこうした大規模オフィスの需要が明らかに減少傾向になれば、不動産価格には大きな影響を及ぼすことになります。

インバウンドメインのホテル需要は厳しい状況に

今年のはじめぐらいまではインバウンドでホテル業界は活況に満ちていましたが、コロナ以降は壊滅的な打撃を受けています。

ホテル業界ではこれまでの危機と比べると、コロナの影

響は多大なるものであり、外出を控えるように言われてしまうと宿泊需要は必然的になくなります。

　また、インバウンドの需要はほとんどゼロに等しく、例えば、大阪市内のホテルでは稼働率がゼロ％というホテルもあるとのことでした。

　ホテルは宿泊需要や出張需要があっての業界ですが、コロナのようなパンデミックはホテル業界にとっては最大のリスクということになります。

　中でも、インバウンドの宿泊需要を見込んで、多くの民泊や中小規模のホテルや宿泊施設が建設されました。

　不動産投資の中で、宿泊需要は居住用の需要に比べると、利回り的にはホテルなどの方が稼げるという点で不動産業者はこのマーケットを勧めてきました。そのため宿泊需要がゼロの状況下になることは誰も想像はしていなかったのでしょう。

　例えば、コンパクトホテルと称して運営していたファーストキャビンという会社が今年の４月に破産申請をしました。

　カプセルホテルと同感覚ではありますが、全国展開もして話題となっていた会社の出来事だけに宿泊需要の厳しい一面を見ることになりました。

観光都市でのホテル需要はすでに過剰気味とも言われていた最中に、コロナの影響をもろに受けることになり、今後もファーストキャビンのような事例は増加する可能性が高いでしょう。

　ところが、こうした環境下を想定していたホテル会社があります。

　皆さんご存じのアパホテルのアパグループです。

　アパホテルはコロナの無症状・軽症者用のホテルとして行政に10棟程度貸し出すと2020年7月時点では聞いています。元谷代表の話では手元資金の多さとホテル自体を自己資金で建設している点で他のホテル会社と異なるところです。

　中でも、借入完済と自己資金で建てたホテルが70棟近くもあるとのこと。

　借金がなければ、ホテル自体の運営経費だけで、宿泊で使ってもらえばそのまま収益として上げられるわけです。

　この点は他の企業とは大きく異なる点です。

　このように、投資対象に過多な借金を組んでしまうと、万が一のことが起きた場合にはお手上げ状態になることがおわかりになるでしょう。

　元谷代表は宿泊事業での最大のリスクは戦争とパンデミックだと言っておりました。

　自然災害も大きなリスクのひとつではありますが、ある意味、それは局所的なリスクで、戦争とパンデミックが世界中に広がる方が恐ろしいということです。

　アパホテルのように、借金を最小限にして事業を展開することは不動産投資には鉄則と言えます。

　おそらく今後、コロナ禍で経営が厳しいホテルが出てくれば、アパホテルには買収や銀行から売りの話の打診があるでしょう。

　そうなれば、かなりの低いレートでの資金調達ができ、しかも価格は高値で買うことはありません。

　銀行から見れば、アパグループは不動産の担保余力が多大なために、融資条件はかなり優遇されることになるでしょう。

　宿泊需要をメインとした不動産投資を行っていると言えるアパホテルには、お金と不動産の運用を学ぶべきところが多々あります。

　安く買って高値で売る、借りたカネは資金ができたらさっさと返す、非常に単純なことなのです。

[3]
アフターコロナの不動産投資は
どこに向けていくべきか

　アフターコロナでは不動産投資はどこに向けていくべきなのでしょうか。

　不動産ビジネスには開発、賃貸、売買、仲介、管理といったものがあります。

　開発で土地を仕入れて、住宅をはじめオフィスビルやホテル、商業施設や物流センターなどを建設し、その中のモノを売ったり貸したりして利益を得るというビジネスです。

　アフターコロナでコロナの収束が進んだとしても、在宅ワークの常態化や一定の社会的距離を保つことが必要となれば、不動産業界には大きな影響を及ぼすことになります。

　例えば、都心のオフィス需要は減少し、それに伴い都心のマンションも需要は減るという流れ、あるいは宿泊需要やインバウンド需要の減少でホテル事業の縮小は余儀なくされるでしょう。

　逆に、都心から郊外への移住が増え、戸建ての住まい需

要は増加する可能性があります。

　概ね、**都心からのアクセスが１時間程度で行けるエリアの需要**は、今後、増える可能性があるでしょう。

　このように、不動産に対する需要の変化が起きれば、その投資の矛先を変えることになります。

　いままでは都心一辺倒の不動産投資だけでは難しい時代になり、投資先の選択をバランスよく持っておかないと厳しいでしょう。

　また、過去のバブル崩壊やリーマンショックのように、**不動産価格の下落**が起きる可能性もあります。

　都心のオフィス需要やマンション需要、あるいはホテルなどの宿泊需要が大きく減少すれば、収益があげられないので、儲からない保有不動産を売却してお金に換えてしまおうという流れになります。

　誰もが、損はしたくないから早く不動産をお金に換えようと思い始めると、売りが売りを呼んで不動産価格の暴落が起きてしまいます。

　こうした時期が来れば、手元資金が豊富な投資家は「出物を安く買う」という行為に出ますが、サラリーマン大家などごく一般の投資家は保有不動産を売ることだけしかできないでしょう。

こうした背景を踏まえると、やはり不動産投資の対象は居住用の不動産需要に対するものが強いことがわかります。

　居住用不動産は人の住まいですから、人口減少はあるものの、ある一定の需要はなくならないものです。

　こんな実例があります。

　都内の利便性の高いエリアでよく賃貸のマンション建設を見ますが、オーナーには1階は貸店舗を勧めてくる不動産会社や建設会社が多々います。

　それは、店舗の方が賃料を高く取れることができ、居住用の部屋よりも利回り的にはよくなります。

　しかも、「1階の賃貸住居は嫌われる傾向にあるから店舗の方がいい」とセールスの人は常套句を言います。

　しかしながら、ここ最近の数カ月で竣工した小規模の賃貸併用ビルにある1階貸店舗にはなかなか借り手がつきません。

　物販にせよ飲食にせよ、店舗の需要はコロナ禍ではかなり厳しいものになりました。

　お客様のうちのあるオーナーは不動産会社や建設会社に言われるがまま貸店舗にしましたが、これでは賃貸の部屋

でワンルームにでもした方がよかったとこぼしていました。

　貸店舗では家賃保証はしないので、店舗ぶんの収入ゼロ
が続けば今後の収益が不安だとのことです。

　コロナの収束がいつになるかはいまのところ未知数です。
ワクチンや特効薬がすぐにできればいいのですが、その見
通しもいまだ立っていません。

　そうした環境下で今後の不動産投資を考えると、都市部
に対するものとそれ以外のものに分散した形で対処するこ
とが賢明ではと思われます。

　また、投資対象は手堅い居住用の不動産需要で考えるべ
きでしょう。宿泊需要や店舗、オフィスなどの事業系の賃
貸需要はコロナの影響で一気に飽和状態になりつつありま
す。利用者や借り手がいないという状況となれば、当然、
投資対象にはなりません。したがって、今後の不動産投資
は慎重に考えるべきでしょう。

［4］
コロナ禍で迷走する
サラリーマン大家

　コロナ禍で緊急事態宣言が出されてから、あらゆる業種、業態で大きく影響が及んでいます。

　首都圏の不動産業界では営業自粛が続き、街中の店舗ではひとりで対応に追われています。そのため、賃貸や売買も取引は相当数減少しており、今後、どれだけ影響を及ぼすかは計り知れないものです。

　不動産を賃貸に出している大家、とくにサラリーマン大家の大半は物件をローンで購入しているために入居者からの家賃が返済の原資になっています。その入居者もここにきて家賃が払えない状況になるケースが散見されるようになりました。賃料が安価な物件ほど家賃の滞納が増えていると聞きます。

　いずれこうした家賃滞納は今後、増えていく傾向になろうかと思われます。

　「うちはサブリースで家賃保証してもらっているから大丈

夫」と思っているサブリース大家も多いかと思います。しかし、サブリースを運営している不動産業者が倒産や破綻をしてしまえば、家賃の支払いは滞ることになるので注意が必要です。言い換えれば、３章でお話しするシェアハウス破綻のスマートディーズと同じことが自分にも起こり得るのです。自身の家計も脅かし、安易に考えているととんでもないことになってしまいます。

　こんなケースもあります。

　病院勤務のドクターＹさんは、同僚から節税対策にと勧められ、新築の投資マンションを買い始めて複数戸保有しています。その全てはローンを組んで購入し、借金の総額は約１億3,000万円。年間で130万円の持ち出し金が発生しています。「節税できるからいいだろう」とあまり気にせず、安易に考えていました。

　ところが、このコロナ禍で家賃滞納や空室リスクも起こり得ることを知り、自分の投資内容を検証してみました。するととんでもないことになっている実態に気がついたのです。Ｙさんは持ち出し金があることは知りながらも、それが月に10万円以上もあるとは思ってもいませんでした。

　家賃はローン返済口座に入金されます。ローン返済日と

家賃の入金日の間には、それなりのタイムラグがあるため、一時的に「通帳にお金が残っている」と思ってしまいます。そして、自分の投資はうまくいっていると錯覚してしまうのです。

　Aさんは、結局のところ、年間で130万円以上の持ち出し金があり、すでに3年間で約400万円の累積赤字となっていました。所得税の還付金でその半額は回収していますが、それでも200万円の累積赤字となります。なんのための投資なのかと後悔の念を感じていると言います。

　この投資案件の場合、賃料は年間で約500万円の収入があります。しかし、ローン返済は1年で約550万円もあり、さらには管理費や修繕積立金、固定資産税などの経費を加えると年間約630万円もの支出が発生します。

　仮に、家賃保証が頓挫すると、最悪の場合、ローン返済や経費を丸々手持ち金で支払う格好になります。そうなれば、自分の給与収入の過半をこの支出に充てることになってしまい、自己破産の道を歩んでいるとさえ言えるでしょう。

　購入当初は全く想定しなったことが現実となってしまうのです。

「物件を売ればいい」と考えても、不動産は今日明日でお金に換えられものではありません。たとえ換えられたとしても、ローン残債を上回る金額で売れるとは限りませんし、ましてやＡさんのように新築物件が大半を占めていれば、売却できたとしても戸当たり数百万の持ち出し金が必要なります。

　このように、新築物件を市況より高値で掴まされたサラリーマン大家は下手をすれば八方塞がりになります。

［5］

リスク回避の第一歩は？

戦略を立てて売却する

　最悪の自己破産を回避するには、複数戸の物件を売却して減らしていく必要があります。

　一気に全戸売却するという場合には、ローン完済に伴う持ち出し金が必要になるので、手元資金がない人にとっては現実的ではありません。

　そこで、まずは収支条件の悪い物件を選別して、売却していく物件の順番を決めていきます。

　また、持ち出し金も想定しながら、併せてサブリースの解約をしていくように算段します。

　とくに、サブリース解約には半年程度かかる場合もあり、自身のサブリース契約書をよく確認して対処法を吟味していきます。

　収支条件が一見よく見えているものについても、見直しが必要です。Yさんのように持ち出し金をしっかりと把握できていない可能性もあります。また、家賃滞納や空室リスクは起こり得ます。長期化する恐れのあるコロナ禍で、ローン返済ができるのかを冷静に見極めることが必要です。残念ながら、コロナ禍でなくとも、多くのサラリーマン大家が正確な収支条件を判断することは非常に難しいことです。なぜなら、不動産投資会社から購入すれば、本来の価値よりも大きく上乗せした金額で買わされることがほとんどだからです。都心のワンルームマンションだから大丈夫という安心も、いまは通用せず、空室や劣化という問題からは免れられないのです。そのうえでコロナ禍の状況を鑑みれば、いまは目に見えない損失も含めて吟味して売却することが賢明と言えるでしょう。

家賃保証のデメリット

　家賃保証はこうした時期には安心感はありますが、体力のないサブリース業者は倒産に追い込まれることになるでしょう。

サブリース業者の倒産は大家にとっては非常に面倒なことになります。

　本来、大家は借り手の名前など、直接の賃貸借契約であれば把握することができます。しかしながら、サブリースの場合は大家がサブリース会社との賃貸借契約だけのため、サブリース会社が第三者に転貸する転貸人を大家が把握することは難しいのです。

　したがって、入居者がどんな人でどこに勤務してなどの情報は到底知り得ないのです。

　仮に、サブリース会社が頓挫してしまうと、大家は入居者が誰かを把握して直接の賃貸借契約を結び直す必要があります。

　場合によっては、本来の家賃をもらえず、サブリース賃料しかもらえないという場合もあります。このように家賃保証やサブリースはいったん頓挫すると非常に面倒なものになります。まして、不動産賃貸業のことはサラリーマン大家には知る余地もなく、誰かを頼ることになるでしょう。

　結局、先ほどのＹさんは自己破産のリスクを回避するために、サブリース契約を随時、解約していくのと同時に、物件の売却を１戸ずつ進めることになりました。

　自分の仕事が手につかないほど煩わしく不安材料が多い、このマンション投資を一刻でも早く終わらせたいというのがＹさんの本心でした。

［6］
家賃の支払猶予でサラリーマン
大家は破産に追い込まれる？

　例えば、サラリーマン大家の大半は、ローンを組んで投資マンションなどの物件を購入しています。

　そのローンの返済には物件の家賃が返済の原資になるのですが、この家賃の支払いがコロナの影響で猶予されてしまうと大変なことになってしまいます。

　外出自粛が長引けばそのぶん、借主は収入減に追い込まれ家賃も払えない状況になります。そのため、政府や大手の民間企業では家賃の支払猶予を検討している状況です。とくに、店舗を借りて営む飲食業では家賃の支払いは厳しくなっています。

　民間では日本生命や大東建託など、家賃の支払猶予を行う旨の発表が2020年4月ぐらいにありましたが、普通のサラリーマン大家ではそういうわけにはいきません。

　仮に、家賃支払の猶予を認めてしまうとローンの返済が不能になり、状況はかなり深刻な事態になります。

　大手企業ではどうにか耐えても、サラリーマン大家は耐

えきれないのが現実です。

　経済活動が当面の間、停止してしまうとここまで波及することには驚くばかりです。

▌破産に追い込まれる前に

　そこで、賃貸物件のオーナーとしては、どうにかしてでも家賃回収をすることになります。

　仮に、入居者から賃料支払が難しいと思われるようになった場合、まずは、居住している区や市役所などの行政庁へ住居確保給付金などの補助やセーフティネット等の相談をするように仕向ける必要があります。場合によっては、管理会社やオーナーなどが代理で給付金の申請を行うことが可能なケースがあります。

　中でも、サラリーマン大家は「サブリースだから私には関係ない」と思いがちですが、サブリース会社は借主の家賃回収が芳しくない状況になれば、さっさと手を引く、つまり自らサブリース契約を解約する可能性もあります。

　そうなると、大家は家賃回収を本格的に行うことになり、ことさらサラリーマン大家は非常に面倒なことに巻き込ま

れます。

　在宅ワークが進んでいるサラリーマン大家も多いかと思いますが、通勤のない在宅ワークでも仕事が増える一方で忙しく、とても家賃回収なんてできません。

　保有戸数を多く持つようなサラリーマン大家は、仕事と並行して家賃回収をするとなれば、かなり大変なことになるでしょう。

　そうならないためにも、やるべきことは2点あります。

　ひとつは、時間があるときには**不動産賃貸業の知識を身につけておくこと。**

　もうひとつ重要なことは、**ローンを借りている金融機関へ相談をしておくこと**です。

　金融機関は理由なきローンの延滞を毛嫌いしますので、例えば、コロナの影響で入居者の賃料が滞納しているので、一時的に返済を猶予してほしい旨の打診はしておくことです。

　現状の環境下ではやむを得ない事由ですので、自ら申告しておくことをお勧めします。

長期トレンドで見れば、
不動産価値・需要は下落していく

　コロナ禍により、2020年4月には世界的な株安となりました。長期保有を前提に買い集めている資金力もある投資家たちにとっては耐えられるものでも、資金力のない投資家たちはこの株価暴落によって苦い思いをしました。

　投資にまつわるリスクに打ち勝てるのは資金力なのです。ところが、不動産投資では「手間いらずで、それなりに収入が得られる」と不動産投資会社に言われ、この謳い文句で買ってしまう人は多くいます。

　先ほどのYさんのように、メリットだけを聞かされ、鵜呑みにしていた結果、あとから大きな痛手を受けるのが現実です。また、不動産投資はあくまでも不動産賃貸業ですから、面倒なことが大半です。入居者の入退室や家賃の滞納、場合によっては夜逃げで行方知れずなど、不動産賃貸業では当たり前のことを見せないで物件を買わせています。

　面倒なブラックボックスの中を見せないで販売してきた不動産投資会社は、こうした経済環境になればいずれ自然淘汰されることが考えられます。そうなれば、不動産投資

会社から物件を購入する不動産投資スキームそのものが基本的に成り立たなくなるでしょう。

コロナ禍で失業者も増え、収入も確保できない事態に対し、国が全国民に向けて特別定額給付金事業を実施しているような非常事態が起きています。不動産賃貸業は、借主がいなければ成立せず、こうしたリスクを乗り越えられない大家も淘汰されていくでしょう。

在宅ワークが多くの企業にとって当たり前となれば、都心に暮らす意味もなくなります。新型コロナウイルスが感染拡大した地域を見れば、都市部に集中していることからも、都心に人口を集中させるリスクに加え、都市部に暮らす価値も低下します。これまで言われていた「不動産は都心の物件なら安全」という神話も崩れ去り、不動産価値とその需要が下落していくことが今後予測されます。

2章

不動産投資の歴史を紐解き、
本質を知る

本章では「不動産投資」の原点を振り返り、その本質を模索していきます。

　というのも、案外わかりきっているように思えるものほど、誤解や植え込まれたイメージに引っ張られてその本質が見えていないことが多いからです。

　だからこそ、不動産投資に"失敗"する人、騙される人が後を絶たないのです。

　では、そもそも「投資」とはどういう意味なのでしょうか？

　広辞苑や国語辞典をひくと「投資とは、利益を見込んで事業に資本を出すこと」と記されています。

　この定義に基づくと**不動産投資は「不動産＋事業＝利益」**という計算式に置き換えられ、"投資＝事業"という考え方がその言葉が指し示すものだと理解できます。

　つまり、不動産投資は"不動産"を介した"事業"で"利益"を得るというもの。不動産投資と言うと巷にある不動産屋を連想してしまいますが、不動産投資をしている会社員も、巷にある不動産屋と同じ目的と活動を行なっていると言えます。

　そう考えると、不動産投資は特殊な人たちによる特殊な
ものではないとわかります。
「衣」「食」と同様に住まいは人間らしい生活を送るうえ
で必要不可欠なものです。住まいの歴史は古くは旧石器時
代からの住処に始まり、いまや高層のタワーマンションに
至ります。

　では、「不動産＋事業」によって利益を生み出す不動産
投資の考え方は、いつ頃から始まったのでしょうか？
　そのルーツを紐解くことで、不動産投資の本質は見えて
きます。
　まずは、その歴史的変遷を辿っていきましょう。

［1］
不動産投資と言われるものは
いつから始まったのか

　不動産投資という言葉は、一体いつ頃から使われ始めたのでしょうか。

　そこで、まずは不動産投資の原点とも言える「不動産業」について、いつ頃から始まったのかを探ってみたいと思います。

▎日本で土地の所有が始まった頃

　いまでは土地や建物は誰でも所有することができますが、昔はどうだったのでしょうか。

　不動産業の原点でもある「土地」の所有について、少し日本の歴史を紐解いてみましょう。

　日本国家の創生期のころ、いわゆる弥生時代後期からそれぞれの集団が縄張りとして土地を捉えていたのですが、地方の豪族などが出現した古墳時代以降、土地を支配することがひとつの権力を表すものとなります。その後、飛鳥

時代に入り有力豪族であった蘇我氏が大きく権力を拡大し国家権力を持ちます。

　ところが、大化の改新で蘇我一族は倒され天皇中心の国づくり、中央集権国家（律令国家）がスタートしました。その際には、土地は「公地」、国民は「公民」とし、公地は国のものであるが、公民に貸すということが行われます（班田収授法）。公民は借りた公地から米などを作り、その収穫高から租税を納めるという流れになります。

　このあたりは現在の土地に対する租税の原点とも言えるでしょう。

　その後、奈良時代になって先ほどの租税は公民の大きな負担となり、収穫に対する重税に耐えられない者は逃亡などします。そのため、農地は荒れ、収穫高は落ち込み制度自体が破綻を期します。

　そこで国は「開墾した土地は期間を定めて所有すること」を認めます（三世一身の法）。その後には「開墾した土地は永続的に私有」されることが認められます（墾田永年私財法）。

　これが土地の所有の始まりと言えます。元々は国の所有であった土地はこうして私的に所有することが可能になったわけです。つまり、土地を開墾したら自分の所有になるので、貴族や豪族、寺社は農民を集めて土地の開墾に必死

になります。こうして彼らは私有地を拡大し、その後、荘園と呼ばれるようになりました。

この頃から土地の私的所有が始まり、やがては各武将による領土争いが起き江戸時代へと変遷します。

江戸時代は不動産業発祥の原点

戦乱の世から徳川家康による江戸幕府の開府により約260年もの安定した統治国家ができあがります。当初、江戸の町を整備するには多くの人力が必要で、地方から男手を江戸に集めることになります。当時の男女の人口割合は男性が7割、女性が3割程度というもので、都市整備のためにいかに労役が必要だったかが伺えます。また、いまの外食文化ができたのはこの頃と言われ、地方からの男手は三度の食事が自分では作れないため、いまでいう外食がメインとなっていました。

そんな江戸時代で土地の所有はどうだったのかというと、武家や寺社が8割、町人、商人などが2割という割合でした。この割合からでは町人らの人口が少ないように見えますが、町人らも概ね全人口の半分を占めていたので、狭い場所で生活をしていたのです。これが時代劇などでよく見

る長屋にあたります。長屋はいまでいう賃借住宅で、その所有は概ねお金持ちの商人でした。商人は大家を雇い長屋を管理させます。この大家はいまでいう賃貸住宅の管理会社にあたります。大家は長屋などの所有者から建物の管理や店子からの賃料の徴収、店子の身元保証人の引き受けなどを行っていました。こうしてみると、不動産業の原点はこの時代に創生されたと言ってもいいでしょう。

明治維新による近代国家の幕開け

　時代は近代国家の始まりである明治へと移ります。明治維新後に政府は田畑永大禁止令を解除し、地租改正を行います。地租改正は土地に見合った税を所有者から金銭で納めるという全国統一の課税制度として作られました。これにより税は収穫高から地価に、納税者は耕作人から所有者へと変わり、いまの固定資産税などの税制の原点になります。

　また、地租改正では測量も行い、測量結果は地券（いまでいう登記簿）に記載され、その地券で土地取引や土地を担保とした賃借が行われるようになりました。

　現在の法務局にある土地台帳はこの地券をもとに作られており、表記されている土地の形や大きさが現状と異なる

所以になっています。

　また、この頃に法律も整備され、1896年に制定された民法では、その第86条1項に「土地及ヒ其定著物ハ之ヲ不動産トス」というように、ここで「不動産」という言葉がはじめて出てきます。また、同条2項には不動産以外の物は、全て動産であるして、財産は土地や建物は不動産、それ以外は動産としたのです。

　不動産という言葉の由来は、民法制定の参考にされたフランスやドイツの法典の中にあり、フランス語のImmobiliers、ドイツ語のImmobilien、（どちらも意味は「動かない・不動のもの」）という表現を日本語に翻訳して不動産と称したと言われています。

　こうして不動産なる言葉が誕生したわけです。

　江戸時代の大家は大家業に専念するのですが、加えて金銭の担保として土地の売買や賃借を行う貸金業を行う者らも不動産を扱うことになり、いわゆる不動産業なるものが生まれたとされます。

アパートの出現

　明治時代にできあがった近代国家はやがて大正、昭和の

時代に移ります。

　大正時代には欧米の共同住宅形態が導入され、いまの集合住宅のはしりが出現します。1910年（明治43年）に木造の共同住宅で「上野倶楽部」が建てられました。5階建ての木造アパートで80室あったとされています。その後、鉄筋コンクリートのアパートもできます。その第1号は、1916年（大正5年）にできた長崎の軍艦島にある炭鉱住宅№30です。いまでは世界遺産の指定を受けていますが、この軍艦島では10棟530戸の共同住宅がありました。また、40万戸以上を消失した関東大震災以降、地震に強い共同住宅を建設するようになります。同潤会アパートや御茶ノ水文化アパートなど近代国家にふさわしい建物ができるようになりました。

　こうした流れが現在のアパートの原点と言えるでしょう。

マンションの出現と区分所有法

　時代は昭和に移り、太平洋戦争後にアメリカの統治を受けます。

　ＧＨＱから戦火を逃れた同潤会アパートを1戸ずつ居住者に売却せよと指示があったのです。

当時、ＧＨＱは財閥なるものを解体して、財閥自体の力をなくす政策が取られ、この指示もその一環だったのかもしれません。

　そもそもアパートを１戸ずつ売るなどは日本の法律や商習慣にはなかったため、アメリカのコンドミニアムなどの法規を学ぶように併せて指示されたようです。

　この経過がいまの区分所有法を生むことになります。

　これと並行してマンションなるものが出現します。マンションという言葉の意味はイギリス貴族らの大邸宅を意味し、鉄筋で高級な高層住宅というイメージでマンションという言葉が使われるようになりました。中でも、分譲マンション第１号は都営の宮益坂アパートで、東京都が底地権を持つ借地権マンションとして1953年に竣工、11階建てで下層階は店舗、事務所で上層階が住戸となっていました。現在は、2011年に建て替え決議が成立し、住宅152戸、事務所28区画、店舗７区画で構成する15階建ての新ビルとなります。完成は2020年の７月を予定しています。

　さて、区分所有法は1962年に制定されます。いまでは当たり前の分譲マンションの区分所有権ができたのはそれほど昔ではなかったのです。

　このように、いまでは当たり前の不動産業ですが、歴史的背景を見ると概ね江戸時代にあった大家業が原点になっています。

　時代の流れと共に、建物の形態は長屋からアパート、マンションへと進化しています。

　こうした不動産業の基礎ができあがると、その運用を考え始めるようになりそれが不動産投資へと繋がる格好になります。

不動産投資の基礎はアパート経営

　多くの農家などで何代も続く「地主さん」と言われる人たちは、古くから「不動産賃貸業」を農業と併せて行っていました。

　遊休地を駐車場として貸す、平屋の2軒長屋などを貸して、その賃料を得るというビジネスです。

　こうした地主さんの場合、土地はすでに自分のものですから、例えば、貸す家さえつくれば家賃という収入が得られます。

　したがって、貸す家にコストをかけなければ、十分に儲かる仕組みと言えます。

こうしたビジネスは不動産投資のはしりと言えますが、当の地主は固定資産税などの不動産にまつわる税金の支払いのためにやっていたという感があり、いまの不動産投資のように自ら率先してやるという感覚ではありませんでした。

　こうした背景と時代の流れから発展したのがアパート経営と言えます。

　平屋の貸家では多くの家賃は望めないため、例えば、2階建てのアパートにして4部屋や6部屋を貸せば平屋の貸家よりは2、3倍儲かるようになり、税金を支払った後に小遣い程度の収入を得られるというイメージが強かったようです。

　ある地主さんに聞けばこんな話をされました。

「田んぼ1反ぶん米を作って農協に出しても年に数十万円稼げるかどうか、1年間、暑い日も寒い日も毎日、田んぼの世話をして稼ぐには難しい時代だ。ところがアパートで家賃が入るなら、後継者がいなくなる現実を考えるとその方が体も楽だし、土地を遊ばせておかなくていいし、少なくとも税金は払えるからいい」ということです。そんな感覚から、地主さんらはアパート経営を行うようになったと言えます。

不動産投資の原点「マルコー」の リースマンション投資術

　いまの「不動産投資」と呼ばれるものの原点は、投資マンションの基本スキームを作ったマルコーのリースマンション投資にあると言えるでしょう。

　後に詳しく記しますが、マルコーという会社とそのビジネスモデルは、当時は非常に斬新でした。

　マルコーは投資用ワンルームマンション会社の元祖と言えます。1980年代のバブル期に急成長し、オーナーに代わり、管理業務を代行する、いまでは不動産投資会社が当たり前としているビジネスモデルをマルコーが確立しました。

　これを皮切りに、好景気に沸く日本では、**投資用ワンルームマンションは財テクのひとつ**とされ、不動産を買って人に貸すというビジネスモデルを「投資」と表現することが広まっていきました。

［2］
書籍に見られる
不動産投資の実態

　不動産が投資として世間に見られるようになったのは、株式投資に見られる指南本と同様に不動産投資を指南する書籍が出回り始めた**1980年代後半**と言えます。

　投資といえば通常は株式投資や債券投資といったペーパーのものが主流ですが、このころから不動産を買って人に貸すというスキームを投資と表現して広められました。

　いわゆる財テクのひとつとしての選択肢の意味合いが強かったようで、ワンルームマンション投資の書籍が出回り始めます。

　この頃にマンション投資というものが始まり、いまの投資マンションの類の原点と言えます。

　その後、時代はバブルからその崩壊時期になり、90年代後半からはJ-REITの出現でその関係書籍が主流となります。2000年に『金持ち父さん貧乏父さん』というタイトル

本が出てからは、この言葉を使うことがブームになります。**「金持ち大家さん」**なんて言い方はまさにそれで、この頃からいまにつながる不動産投資のブームが始まりました。

　サラリーマンのままで金持ち大家さんになるなどのタイトル本が出回りました。

　その後、この書籍の影響は多大で、年収・資産○○円みたいなアオリ系のタイトル本が出始めます。

　１年で10億作るとか３年で資産３億円など、様々なアオリ系の本が目立ちます。

　いかにも、「簡単に不動産を介して収入が得られます」的な話が巷に溢れると、先ほどの地主がやっていたアパート経営とは全く異なるものになっていることがわかります。

　地主さんはご承知の通り、土地は自分のもので「タダ」です。

　しかしながら、一般の人は土地を買って手に入れないと不動産を介しての収入は得られないわけで、土地も建物もすべて自分のカネで賄うとなると、よほどのお金持ちでない限り、そのカネを借りるしかありません。

　そんな投資内容であれば、それほど儲からないことは明らかに理解できます。

　こうした流れを経て時代はバブル崩壊後の低迷期になり

ます。

　2008年頃からリーマンショック前までは、中古マンションを3戸持てとかボロ物件をお宝に変えるというように、**「中古」「ボロ物件」**というタイトルや「不動産投資の学校」なるものも出始め、2011年頃まではかなりの活況ぶりが伺えます。

　ところが、リーマンショック後の不動産投資関連は再び低迷期に入ります。

　当然ながら、リーマンショック前と比べると関連書籍も発行が減少しました。

　しかしながら、日銀のマイナス金利政策の発表以降は再度、不動産投資に注目が集まります。

　低金利の状況下の中、銀行はカネの貸し先に奔走することになり、結果として大半は対不動産に関連する融資ということになります。

　こういった背景から、不動産投資は再びブームになり、一棟モノのアパートやマンションを購入して資産○億円とか、年収400万円でもサラリーマン大家になど、不動産投資を煽るものが多く出回りました。

　このように、不動産投資という言葉は昔からあったわけ

ではありません。

　最近は、大家さんも書籍を出しています。自らの成功体験を本でまとめて、その通り不動産投資を実践すれば自分と同じように金持ち大家になれるとあります。加えて、大家になりたい人を集めるサロンや塾を作っている場合もあります。サロンや塾では不動産投資の指南を直接受けられるなど、大家とのコミュニケーションを取ることができるなどとありますが、参加料が年間数百万円するものもあり眉唾ものでしょう。

　不動産投資と言えば聞こえはいいですが、不動産を買ってもらうために理路整然とした考え方を業界が作り上げたと言っても過言ではありません。

　いまの時代、サラリーマンでもできる不動産投資と気軽に言われていますが、もともとは地主の副業的なビジネスであったことを理解する必要があります。

地主大家とサラリーマン大家

　昔から「不動産賃貸業」や「アパート経営」はありまし

たが、それを投資とは誰も思っていませんでした。ところが、1970年代からワンルームマンションを皮切りに不動産業界が開発・販売を通して「投資」となるものと結びつけ、いまある「不動産投資」というカテゴリーを築き上げていったことがわかります。

　地主は、先祖代々、土地を受け継いではじめから持っています。貸家の資金調達さえすればＯＫでお小遣い稼ぎとしての利益を出すことができます。ところが、土地やお金もない人が借金をして土地を買って貸家をつくり、家賃で儲ける構造は非常に難しいため、地主からすれば論外なわけです。

　また、家賃はあくまでも建物を借りるという対価であり、家賃に土地代が含まれているという考え方ではありません。

　例えば、建売やマンションを買う場合、土地の代金と建物の代金は区分されています。

　建売であれば売値の合計額が明示されていますが、土地代は5,000万円、建物代は1,300万円といった具合になります。マンションも同様で、やはり土地代の方が売値の大半を占め、建物代は売値全体の30％程度といった内容です。

億ションのマンションでも建物の按分は数千万円というのが現実です。

　土地から買って建物を貸すという不動産投資は、最初からそれほど儲からないという仕組みを数値で考えてみましょう。

　具体的な数字を例に見てみましょう。

　新築の区分マンションで売買金額の総額が2,460万円だとしましょう。うち消費税（10%）等の合計額が136万6,666円とします。消費税は建物しか課税されませんから、この税額分を逆算して建物価格を求めると、1,366万6,666円となります。税込みでも1,503万3,332円で、先ほどの総額からこの税込建物金額を引くと土地代は956万6,668円になります。

　仮に、この区分マンション1戸を月9万円で貸します。その場合1年で賃料が108万円になりますが、投資額を建物費用だけで見れば、**108÷1,503万円＝7.18%という年表面利回り**になります。

ところが、売買金額2,460万円でこの年利回りを計算すると108÷2,460万円＝4.39％となります。投資視点から見ればいい数値とは言えません。

　つまり、**土地代を含めた不動産物件を買った場合には、投資のうま味がない**ということが言えます。

売買金額 **2,460万円** の内訳
（税込）

↓

建物価格　1,366万6,666円

＋）　消費税　　136万6,666円

建物代 ▶ 約**1,503**万円（税込）

建物ぶんだけを考えると
うま味がある

↓

土地代を含めるとうま味がない

土地代 ▶ **956万6,668円**

［3］
不動産投資の原点は
マンション投資

　先ほども触れましたが、いまある不動産投資の原点は、投資マンションのスキームにあります。その先駆けとなったマルコーは、リースマンション投資術を謳い「ワンルームマンションを買って家賃収入を得よう」という手法で不動産物件を販売しました。いまでは誰もが知っている手法ですが、当時はまだそのような考え方は珍しく、画期的だったと言えます。

▎原点としての「リースマンション投資術」

　私自身も、1983年に発売されたマルコーの書籍『新リースマンション投資術』（金澤正二　経済界）を読みました。37年前の本にもかかわらず、現在の不動産投資の販売手法とほぼ同じ中身になっていることには大変驚きました。書籍には次のように書かれています。

- あなたの老後を国は保障できない（このままでは公的年金制度は確実に崩壊する）
- リースマンションは誰でも手に入る（節税メリットを知ったらもう黙っていられない）
- リースマンション投資術のポイントは、利回りがいいこと、インフレに強いこと、安全確実であること、管理が楽であること、借金の有利さを利用できること、節税効果があること
- マルコーはトータルシステムを売っている（入居率98％を誇る独自の方法）
- リースマンションの立地には条件がある
- 都市は西に発展するという事実

　これらのタイトルを見ると、いまの不動産投資とほぼ変わらないことが言えます。

　リースマンションを買うメリットが数多く挙げられていますが、企業のスタンスがどちらかといえばオーナー寄りであり、その反面、入居者への迅速な対応もするというものでした。

　このマルコーが販売した日本初のリースマンションはメゾン・ド・早稲田といい、すでに築44年経過しています。

給与年収1,000万円の人が３戸購入した場合の節税チャート
（ローン15年返済）

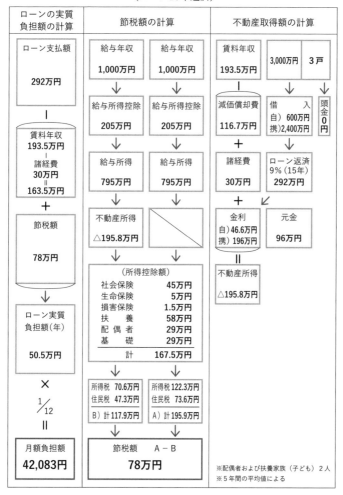

出所：『新リースマンション投資術』金澤正二　経済界より

いまでも東京都新宿区の西早稲田にあり、賃貸情報サイトにも掲載されています。

　家賃は現在、概ね４〜５万円程度で入居されていますが、この賃料は完成した頃も同じような金額でした。**当時の販売価格が約600万円ですので、利回り的にはかなりよいものと言えるでしょう。**

　マルコーのマンションでは部屋の貸出条件がいまとは異なりました。敷金を10カ月ぶん預かり、８カ月ぶん敷引きできる募集条件だったようです。敷金40万円を預かり、32万円は借主に返還せずにオーナーがもらえるという条件でした。したがって、保有していた方がオーナーは儲かる仕組みになるので、当時は電話１本でマンションが売れたそうです。さらに、当時では珍しい家賃保証と賃貸管理がセットになっていました。マルコーは、修繕や入居者対応を早くから取り入れていた会社だったのです。

　こういった理由から、マルコーのワンルームマンションはその後のマンション投資に火をつけ、売れたのでしょう。

[4]
不動産投資は賃貸業であり
賃貸経営

　不動産投資にはその対象物として、「区分マンション」
や「一棟モノのアパート・マンション」といったものから、
商業ビルやオフィスビル、ホテルや民泊医療・介護施設、
物流倉庫等、様々な需要に対応するものがあります。

　どれも建物を他人に貸し、その賃料を得ることを生業と
するわけで、その基本は「不動産賃貸業」と言えます。

▎大家の資格

　不動産賃貸業は他人にモノを貸すので、そこに貸し借り
の契約行為が存在します。

　不動産を持っているオーナー側は、建物のメンテナンス
や修繕、家賃の滞納や未払い金の回収など、様々な事象に
対応することになります。つまり、不動産投資は「投資」
という名称がついていながら、基本は「大家業」あるいは
「賃貸業」であることを認識しないといけないのです。

いわゆる大家業を専業で行える人は、基本的には不動産賃貸業を熟知していることや時間的な余裕が求められます。したがって、建物の貸し借り以外に何をしなければいけないのかをよく知っていて、それに対応できる時間がなければ大家業を勤めるのは難しいことです。

　例えば、物件を持っていても空室では当然、家賃収入は入ってこないため、入居者探しにマーケティングやプロモーションをしなければなりません。入居者が見つかれば、その契約の手続きと共に入居前の準備、実際に家賃収入が入ってきたら、後々、収支計算をすることになります。物件の管理や、設備のチェック、入居者からのクレームの連絡があればすぐに対応を迫られます。空室リスクは常にあるので情報を収集し、賃貸経営の知識はもちろん、トレンドを随時チェックし、人脈作りも大切です。自分ではできない仕事は業務委託するにしても、リフォーム関連業者や税理士や弁護士とのやりとりをするには、それぞれの担当者と対等に話し合える知識が求められるのです。

　「本業が別にあって時間がない」あるいは「大家業の内実についてよく知らない」など、不動産投資での大家業を専

一般的な大家さんの仕事の例

入居者探し
（マーケティング・プロモーション）

契約、家賃収入に関する
手続き

物件の循環管理、設備の不具合の
チェック、入居者とのやりとり

情報収集、トレンドの学習、
人脈作り

管理委託のやりとり

リフォーム管理
（工事業者とのやりとり）

税金や契約関係周りの管理
（税理士または弁護士とのやりとり）

など

大家さん自らが行う最低限の仕事の例

入金管理
（滞納があった場合はその督促と
回収に関する業務）

家賃明細作成

クレームや事故などの対応

リフォーム見積もり・
工事業者手配

入退出の際の立ち合い

など

業することが難しい人は、その仕事を肩代わりしてもらう必要があります。

　それが、いわゆる不動産賃貸の管理業を行っている業者で、委託するという行為が発生するわけです。

　とくに、サラリーマンが不動産投資を行うと、大家業ができない人が大半ですから不動産賃貸の管理委託をしてもらうことになります。

　その場合は、相場として家賃の5％程度を管理委託料として支払い、タスクを肩代わりしてもらいます。それ以外の仕事は自分で行う必要があります。

　すべての管理を委託するサブリースならば、家賃の10％前後を管理委託料も含めたサブリース料として支払うことになり、自分の手取りが減ります。ローンを組んで家賃収入を返済に見込んで物件を購入しているなら、こうした管理委託に関する手数料も長期的な収益を考えていくうえで考慮すべき点です。大家業の内実をほとんど知らず、「何もしなくても、たとえ空室になってもきちんと収入が入ってくるのでお勧めですよ」と言われるがまま言い値の管理委託料を払ってしまうと、赤字が一向に減らない賃貸経営の状況に陥ってしまいます。

［5］
そもそも不動産投資とは、どんなスキームなのか

　それでは、不動産投資とは、どのようなスキームとなっているのでしょうか。その仕組みについて、一般的なものを簡単にご説明しましょう。

スキーム

　不動産投資は、不動産を貸し出して家賃収入を得るという単純なスキームです。

　その手順は次のようなものです。

①不動産（一棟アパート・マンションや区分マンションなど）を購入する（金融機関でローンを組む＝他人資本を活用する）
②賃貸物件として貸し出す
③家賃収入を得る（インカムゲインを得る）
④家賃収入でローンを返済する（だから家計には響かない）
⑤売却する（キャピタルゲインを得る）

　どの不動産投資会社のパンフレットを見ても、おおよそ似たような説明がなされています。

　「不動産投資とは、他人資本（銀行ローン）を利用して、家賃収入（インカムゲイン）をローン返済に充て、資産を構築する投資である」といった具合です。

「年金代わり」または「ローンでキャッシュフロー極大化」

　そして、2つの方針をアピールします。

　ひとつは、「購入した不動産を持ち続け、ローンを完済後に丸々入ってくる家賃収入を年金代わりにする」というもの。これは、区分マンションのセールストークでよく見られるものです。

　もうひとつは、「一棟マンションを購入し、キャッシュフローを極大化して次々に別の一棟マンションを買い進めていく」というもの。いわゆるレバレッジを効かせた投資ができるということで、ローンを組めるだけ組むやり方です。

生命保険代わり

　物件の購入でローンを組む際には「団体信用生命保険」に加入することが推奨されます。団体信用生命保険とは、住宅ローンを契約している人がローン返済中に死亡、あるいは働けないほどの重度の障害を負った際、ローンの残りを代わりに払ってくれる住宅ローン専用の生命保険のこと。それに加入しておけば、生命保険としての機能があると謳われています。

　このように、不動産投資会社のパンフレットには「節税効果」「生命保険代わり」「年金代わり」「資産をたくさん持てる」といった言葉が並んでいます。それによって、将来への不安や期待に対してソリューションを打ち出しているかのようなイメージが描かれているのです。以前までは、「キャピタルゲイン（売却益）」という言葉も共に並んでいましたが、それを強調する不動産投資会社は少なくなりました。今は、物件価格そのものが高騰している時代のため、売却益が発生しにくい現状を踏まえて、どこも安請け合いできないようです。

成功ポイント

「不動産投資を成功させるためのポイント」としては、

・ロケーション選び

・物件選び

・販売会社選び

・管理会社選び

・金融機関選び

などが、重要であると解説されています。

パンフレットや不動産投資の本などでは、次の点がおしなべて強調されています。

・空前の低金利時代にあっては、お金を借りる方が有利

・自己資金は必要ない。フルローンを最長期間で組むのがいい

・不動産投資は実物投資なので、ローリスク・ミドルリターンである

・時間のないサラリーマンには適した投資である

　とくに、資金のない20代〜30代をターゲットにした場合、必然的にこのようなことが強調されるのだと思います。

　パンフレットを見てみると、資金がなくてもローンを組んで「ローリスク・ミドルリターン」で運営していく投資商品であるイメージが強調されていることがよくわかります。

　一見すると株や投資信託といった投資商品と並ぶ投資商品に見えますが、そこに大きな落とし穴があるのです。

［6］
「投資」と言いながら
金融商品ではない不条理

　投資商品を売る場合には、いわゆる「金融商品」としての取り扱いが必要になります。

　金融商品の場合、リクス等の説明をすることが投資商品を売る側には義務付けられています。まず「投資勧誘方針」として、その基本方針、勧誘の時間帯等、場所、方法を説明し、続けて、取扱商品の説明や法令遵守などの説明を行わなければならないのです。また、金融商品取引法に基づく広告等の表示をしなくてはなりません。

　ところが、不動産の投資物件を売っている不動産投資会社が、「金融商品」と同じように不動産投資のリスク説明をしているかというと、ほとんどはしていません。法的な説明義務は、宅建士による不動産の売買契約等にかかわる物件の重要事項説明書の説明くらいです。不動産を販売している人たちは、誰も自分たちが"金融商品"を販売しているという意識がありません。

単なる "不動産" を売っているに過ぎないのです。

　したがって、物件を販売している人たちにとっては、売った不動産で儲けが出ようが損をしようが全く関係ありません。彼らにとっては不動産投資というスキームは「**物件を買ってもらうための道具、論理**」でしかありません。

　にもかかわらず、まことしやかに「この物件を買えば、賃貸収入が得られて老後の年金替わりになります」「生命保険の代わりになります」といったセールストークが飛び出します。

　最近では、"老後資金2,000万円" 問題にあやかり、「老後資金を不動産投資で確保する」という話をよく耳にします。セミナーなどで「これからは年金生活と貯蓄だけでは老後資金は用意できない」などと老後資金への不安を煽り、「不動産投資をすると無理なく老後資金を作れて、楽しい余生を過ごせますよ」とその不安が解消されるがごとくの話をします。すると、聞かされた側は、つい紹介された物件を買ってしまうのです。

　こうしたスキームが成り立つ背景には、何があるのでしょうか。

　ひとつは、エンドユーザーと不動産投資会社の間の情報が、均等なものになっていない点です。そのため、その非対称性を利用し、「**不動産投資で将来のお金の不安を解消できる**」と思わせているのです。もし、エンドユーザーに一定以上の知識が備わっていれば、見透かす能力があるため、いわゆる"騙しのスキーム"にハマることはありません。

　しかしながら、「自分には知識がないから、いざ不動産投資会社の人と向き合っても対等な立場で話ができません」とか、「何をどうやって聞いたらいいのか、何から聞いていったらいいのかもわからない」というのが実態です。

　そんな感じですから、物件を買った後、しばらくしてから、コトの重大さに気づき、「とんでもないシロモノを買ってしまった」ということになるのです。

［7］

「金持ち○○」への憧憬

　不動産投資はバブル崩壊後に下火になったものの、2000年代に入ると再びファンドバブルとも言うべき不動産投資ブームが起こります。その背景には、一冊のベストセラーがあります。億万長者になる術を説く『金持ち父さん貧乏父さん』（ロバート・キヨサキ　筑摩書房）が2000年に発売されると、ベストセラーリストに君臨し続け、シリーズ累計4,000万部を突破しています。日本国内でも累計410万部が売れ、いまでも根強く人気がある投資関連の書籍です。この本を皮切りに「金持ち○○さん」というフレーズが増え、不動産投資の世界でも「金持ち大家さん」という言葉を生み、この頃からいまにつながる不動産投資ブームが始まりました。

　『金持ち父さん貧乏父さん』は個人の投資家としての投資哲学が描かれており、不動産に対する考え方はいまある不動産投資ブームの先駆けとなりました。まず投資に対す

る考え方として「お金の知識を身につけ、将来のために投資することが必要だ」と言います。

　一生で最も高価な買い物である「マイホーム」に対しても、収益を生まない家のためにカネを払い続けるのはナンセンスとして、持ち家は資産でも投資でもなく"負債"としています。そこで、金持ちになるには収入を生む資産（不動産）を買う必要があると説いています。

　金持ちになるベストの方法は「収入を生む資産だけを買うこと」。考えは一貫していますが、その投資行為は、株式と併用したもので不動産一辺倒ではありません。つまり、投資自体は不動産だけの1本足打法ではなく、他の投資行為も併用することで金持ちになるということを訴えています。

　この考え方は、投資を考えるうえでは基本中の基本であり、投資先をバランスよく持つことは重要でしょう。また、金融のリテラシーを上げることは必要不可欠です。ただ、持ち家に対する考え方は人それぞれであり、"負債"だからナンセンスだとは一概には言えません。

世界的なベストセラーとなった本の主張によって、不動産投資に対する意識にもパラダイムシフトが起こります。それまでの"大家さん"は、地主としてすでに持っている土地を貸したりアパート経営などで有効活用することで、税金対策や副業的収入にしていました。しかし、"金持ち〇〇"の影響によって「収入を生む不動産を買うこと」に主眼が置かれるようになります。

　2004年には『サラリーマンのままで金持ち大家さんになる』（田中実　リム出版新社）というタイトルの本が発売され、「収入を生む資産＝不動産」という"金持ち大家さん"のイメージが明確に打ち出されていることがわかります。その後もこの本の大きな影響は続き、「年収・資産〇〇億円」といったタイトルやコピーのついた本も多く出ました。「1年で10億円つくる」「3年で資産3億円」など、読者の気持ちを煽るような文字が書店でも目立つようになりました。

　書籍タイトルやコピーに滲み出る"金持ち〇〇"の憧憬は、やがて「簡単に不動産を介して収入が得られます」といった巷にあふれる謳い文句になっていきました。

　しかし、あくまでも地主の"大家さん"が行なっている不動産賃貸業は、そもそもの土地が自分のもので「タダ」であり、土地に対する"負債"がありません。ところが土地はないけど、"金持ち大家さん"に憧れる人たちは、土地と建物を買わないと不動産の収入は得られません。土地も建物もすべて自分のカネで賄うとなると、よほどのお金持ち以外は、そのカネを借りるしかありません。

　そんな投資内容であれば、大して儲からないことは目に見えて明らかです。

　冷静に考えれば、"金持ち大家さん"になるのはそう簡単ではないとわかるにもかかわらず、買い手の知識不足をいいことに、不動産を売りたい人たちが、この"金持ち○○"のロジックを用いて、もっともらしく巧みに理路整然と「だからローンを組んでも儲かるんです」と言って物件を売りつけるわけです。

　こんな事例をお話ししましょう。

　とあるきっかけで不動産投資の本を読むと、その内容は「不動産投資で不労所得を増やすことがサラリーマンから抜け出す唯一の方法」だと……。

これは、いわゆる "金持ち○○" の論理構成をベースにした不動産投資物件の売り方です。

　その本を読んだのち、不動産投資会社に誘導され一棟モノの中古マンションを買ってしまった人が相談に訪れました。

　物件を買った当時は、「優良物件を紹介してもらったから数年後にはサラリーマンから脱出して自由な人生の時間が過ごせる」と思ったそうです。

　しかも、この不動産投資会社が「十分に納得できる説明があったので、自分では特別に物件を調査したり、見に行くことはしなかった」そうです。

　ところが、購入して２年ぐらい経ってから様々な費用がかかることになり、儲かるどころか赤字の状態になり、どうしたらいいかわからないので、相談に来られたのです。

　この話の続きは、後の３章で詳しく紹介していますが、簡単に不労所得が不動産投資で得られることはないのです。このことはよく理解しておくべきでしょう。

［8］

不動産投資スキームの臨界点

　ここまで、「不動産投資」の歴史をザッと見てきました。
　すでに持っている土地を有効活用する不動産賃貸業やア
パート経営から、投資哲学のバイブルとなったベストセラ
ーの影響が多大だったことは、数多出版された書籍を見れ
ば明らかでしょう。そのように**"金持ち○○"インスパイ
ア系とでもいうような投資家を生み出していった**のです。
金融機関からローンを組んで行う不動産賃貸業・経営のイ
メージが作り上げられることによって、「不動産投資」と
いうスキームが確立されていったのです。それが、これま
での従来型ともいえる不動産投資のスキームでした。

　ところが、ここに来ていままで通りの、そのようなスキ
ームが徐々に通用しなくなっています。

　不動産投資業界内では、かぼちゃの馬車事件やスルガ銀
行に端を発するローンの不正融資、レオパレス21による建

築偽装など、挙げれば切りがないほど不動産投資関係の不祥事が次々と起きています。

　こうした不祥事は、ある意味で"不動産投資業界の限界点"、つまり「**曲がり角**」**に来ているサイン**だとも言えるでしょう。

　現在の不動産投資業界のプレイヤーは、①**プロである不動産会社**、②**不動産賃貸業を生業としたプロの大家**、それに加えて、いわゆる③**サラリーマン大家**、の三者で構成されています。

　とくに③**サラリーマン大家は、不動産投資会社にとってはいいカモです**。安定した給与収入があるためローンも借りやすい属性で、言葉巧みに話を勧めれば本人も納得してくれ、物件さえあてがえば買ってくれるのです。

　その際には、売り手の方は「投資」という言葉を口にしながら、単なる不動産物件を売っているに過ぎません。ですから、投資商品としてのリスクの説明はもちろんあるはずもなく、物件を売ることで自分のインセンティブが入ればあとは関係ない。それが彼らの心情なのでしょう。

　しかしながら、そのサラリーマン大家も儲からないことに気づき始めています。

　にわかに不動産投資について学習し、不動産投資会社と対等に渡り合えるようになってきたのです。

　したがって、近い将来は、不動産投資自体がプロ化され、素人の③サラリーマン大家は退場を迫られるようになるでしょう。

　退場のきっかけは、不動産価格の下落や不動産需要の落ち込みなどが考えられます。そうした大きな転換期が到来した際、資金力のない素人とサラリーマン大家は破綻を期す投資案件ばかりになってしまう可能性があります。

　最悪のシナリオは、ローン返済不能による破綻や競売へという流れです。

　こうした状況を鑑みると、**最後まで残るプレイヤーは、やはり①プロである不動産会社、②不動産賃貸業を生業としたプロの大家なのです。**

　不動産投資がプロ化されれば、下手な騙しのテクニックは通用しなくなって不動産投資会社も淘汰され、①プロである不動産会社のみが生き残ります。そして、正しい不動

産賃貸業を行っている②プロの大家が残ることでしょう。

　資金力のない不動産投資会社、名ばかりのサラリーマン
大家が淘汰される未来は、すぐそこまで来ているのです。

3章

不動産投資の現実、
何が問題なのか？

昨今の不動産関連のニュースの中で、最も印象深いものはやはりシェアハウス問題に端を発した「かぼちゃの馬車」問題でしょう。

　ご承知の通り、「かぼちゃの馬車」とは、事件を起こした株式会社スマートデイズが販売したシェアハウスのブランド名で、シェアハウスという新しい賃貸住宅の形態を物件化し、不動産投資の対象として買ってもらうというスキームでした。

　シェアハウスは、当初は斬新さや興味本位で注目を浴びていました。しかし、通常のアパートやマンションと異なり、入居希望が期待されるほど多くはなかったというのが現実のようです。

　また、こうした希薄な入居見込みを想定していたかのように、販売された物件には必ず家賃保証とサブリース契約がセットされており、購入者の不安材料を払拭するものでした。しかし、サブリース契約そのものはスマートデイズにとっては、ある意味、赤字覚悟の釣り餌で、物件の購入者が決まれば工事請負会社から多額のキックバックをもらうことで利益を出すというビジネスモデルとなっていました。

　したがって、次々と新たなシェアハウスを増さない限り、

会社としての収益は出ず、サブリース契約の赤字が重くの
しかかることになります。このスキームでは徐々にボロが
出始め、最終的には家賃の支払いができなくなり、結果的
に破産しました。

　かぼちゃの馬車問題には、いまの不動産投資の問題点を
垣間見ることができます。そんな不動産投資はいま、どん
な問題点があるのでしょうか。ここからは現状を踏まえな
がらお伝えしてみたいと思います。

［1］

不正融資の実態

「自己資金ゼロ円」で物件購入

「自己資金ゼロ円でも不動産投資ができます」という謳い文句をよく見かけますが、このセールストークは物件を買ってもらうための常套句です。

この常套句と共に「本当に自己資金なしでもできる」ように思わせる巧みなロジックが展開されます。

例えば、若手サラリーマンが不動産投資物件を買う場合、自己資金を入れて買うことはありません。いわゆる自己資金ゼロ円、フルローンで買わせる場合が大半だからです。

街中などでのアンケートと扮して、大企業勤めの若いサラリーマンに近づき、強引に契約させてしまうケースでの相談事例の多くは、20代や30代前半の方々からのものです。社会経験も浅く不動産に対するリテラシーも低いので、業

者から見た場合、“いいカモ”です。そのようなカモを狙って、業者から威圧的な態度で迫られると断れない人々が出てきます。そして、契約するまで帰さないといった強硬手段すら使います。さらには、本来ならば返済能力もなく自己資金がない20代になんとか買わせようと、あの手この手で危険な道も渡るのです。そうして起こるのが、書類改ざんという不正行為です。

自己資金ゼロを狙う不正融資のスキーム

こんな事例をお話ししましょう。

Gさんは上場企業に勤める30歳前半、投資マンションを3戸も買ってしまいました。買った経緯はさておき、物件を買う際の資金はすべてローンで、自己資金はゼロだったそうです。借入金の総額は約5,500万円、そのうち、物件に担保（抵当権）がついていない借入金が300万円ほどありました。

この無担保融資は、後ほどお話しするフラット35の不正融資で話題となったARUHIが窓口となったアプラスのローンで、Gさんの場合は**年利5.8%、15年返済**が組まれ

ていました。

　このローンは「ＡＲＵＨＩ提携型サポートクレジット」とか「サポートクレジットＳ」という名称でＡＲＵＨＩのパートナーと称するローン代理店が窓口となり、不動産投資会社と提携して無担保の融資を出していたのです。

　物件を購入する際には、購入用のローンを組むのですが、物件によっては物件価格すべての金額で融資してもらえない場合があります。

　例えば、投資マンションの売買金額が2,500万円とし、不動産投資物件を専門に融資するＸ銀行では2,300万円までしか融資できないとなった場合、Ｘ銀行の見立てでは、その物件には2,300万円の価値しかなかったことを意味します。

　そこで、不動産投資会社は200万円の無担保融資をＡＲＵＨＩの代理店にお願いし、Ｘ銀行の担保不足を補い、物件を買わせてしまうのです。

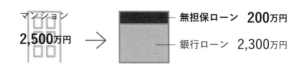

　もともとは、X銀行が出した融資額の2,300万円がこの物件の上限価格であり、実勢価格に見合ったものなのです。

　ところが、この物件を仮に2,000万円で不動産投資会社が仕入れた場合、300万円程度の上澄みでは儲からないので、物件価格を2,500万円に仕立てて、フルでローンを組めるように仕組んだのでしょう。

　少なくとも、500万円程度は上澄みで儲けを出さないと、不動産投資会社としてはやっていけないということです。

　こうしたスキームは、**金融機関に提出する書類の偽造**がつきものです。

　いわゆるスルガスキームに見るように、不動産投資会社は物件価格を引き上げて金融機関の提出用に売買契約書を作ります。

　いかにも価値があるように見せかけ、金融機関はその見せかけの価格で融資を出すというものです。

　金融機関はリスクのある不動産の融資ですから、リスクヘッジのために高金利で貸付けします。

　こういった流れが、不動産投資の世界では当たり前のように横行していました。

自己資金がない20代〜30代前半の若手サラリーマンに投資物件を買ってもらうには、こうした手法を使わないと不動産投資会社にとっては仕事にならないのでしょう。

　また、こうした物件は、もともとの不動産市況における実勢価格は2,000万円程度、もしくはそれを下回るものでしかないことが大半です。

　場合によっては、多額の融資金を引き出すために不動産鑑定士による鑑定書まで添付して融資をしてもらうということもあります。

　このように、それほど価値のない物件を、いかにも価値があるように見せて買わせてしまうのが現実です。

　したがって、ローンの仕組みと契約書をうまく利用してフルローンで買える仕組みを不動産投資会社が作り、場合によっては、不動産鑑定士や銀行もそれに加担していると言えるでしょう。

フラット35の不正利用

　自己用の住宅購入でしか利用できない「フラット35」を使って不動産投資物件を買わせた事例もあります。

　本来、フラット35は自宅として利用する住宅を買う際に

利用できる住宅ローンです。

　この融資は旧住宅金融公庫の融資がベースになっているもので、公的な色合いが強く、現在では住宅支援機構が主体となってその貸付業務を行っています。

　フラット35は返済期間がずっと固定金利となるため、借り手にとっては魅力的な住宅ローンです。こうした魅力的な住宅ローンを投資用の不動産購入に利用した業者が明るみに出ました。自己用の不動産購入に限って利用可能なフラット35を、どうやって利用したのでしょうか？　そのスキームは次の通りです。

　フラット35では、貸付条件のひとつが「購入者自身が買った不動産に住む」というものです。そのため、買った不動産に住んでいるという証明、例えば、住民票や公共料金の明細などが必要になります。

　万一、この条件が満たされなかった場合には、融資契約の違反とみなされ、融資金の一括返済を求められます。

　居住用であればなんら問題のない条件ですが、投資用で利用する場合には、借り手が一時的に買った物件の場所に住民票を移し、融資が実行されてしばらくしてから、元の住所に再び住民票を戻すという禁じ手が不動産投資会社か

ら指南されます。

　また、住民票上では、借り手は買った不動産に住んでいることになっているので、住宅支援機構や銀行からの郵便物はその住所に届くことになりますが、郵便物を郵便局留め扱いにして、差出人に戻らないようにも指南しています。

　したがって、住宅支援機構や銀行にはこうした不正行為が見抜けなかったわけです。

　これが、不動産投資物件の購入にフラット35を使ってもバレないというスキームです。

　このスキームはフラット35の代理店である大手のＡＲＵＨＩを介した事案で、こうした不正行為が発覚してから住宅支援機構は融資対象物件の全調査を行い、そのうち約150人の不正利用者に対して一括返済を求めています。

　機構から一括返済を求められたために自己破産に追い込まれるオーナーもいるようです。

　実勢価格を大きく上回る価格で物件を購入していますので、当然、物件の売却金で充当は難しく、中には1,000万円以上の負債を負う目にあうオーナーもいると聞いています。

　居住用の住宅ローンと知りながら契約したオーナーも落ち度はありますが、一連の不動産投資会社や融資の審査を行うモーゲージバンク、金融機関が絡んでいるので、ある意味、組織的な詐欺行為とも言えるでしょう。

　指南した不動産投資会社のふれ込みは「みんなやっているから大丈夫です」と言って買い手を信じ込ませてしまい、機構からの追及には「本人が住むと聞いていたからフラット35を勧めた」と言い逃れをするでしょう。

　あくまでも、買った本人の意思であって意図的にフラット35を悪用したわけではないと抗弁することが容易に想像できます。

1 物件 1 法人スキーム

　次に、お話ししておきたいのは「1物件1法人スキーム」というものです。

　不動産投資物件を買ううえで、「儲けたい」という人は個人の融資だけでは限界があります。そこで、1物件に対して1法人を作り、その法人が金融機関の融資を受けて物件を買うという流れを作り上げました。

法人が融資を受けると、借入れは信用機関に信用情報が載るため、借入上限まで借りればそれ以上は借りられません。ところが、連帯保証人である法人代表の個人は情報が載らないため、**新たに法人を作れば借入れのない法人として別の金融機関で融資を申し込めるのです。**

　そのため、**数多く買ってほしい不動産投資会社は、ローンを組めるだけ組ませて購入させる**ために「資産も一気に増えますし、物件数が多いほどローンも加速度的に返済できて、早い段階から大きな収益が入ってきますよ」などと言ってこのスキームを勧めます。場合によっては、金融機関側から勧められることもあります。

　短期間に規模を拡大できるこのスキームですが、金融機関にとっては返済できる能力を超えた過剰融資であることから、発覚すれば一括返済や金利を大幅に引き上げられる場合もあります。たいていの場合は、規模を大きく拡大していますから、負債額も数十億円となり、返済できません。

　したがって、最近ではこのスキームも金融機関で見破られるケースもあり、新規での融資取り扱いは難しい環境です。

　将来、ひとつでもデフォルトが起きれば、連鎖的に共倒れするスキームで、**結果的にうま味を得るのはこのスキームを勧めた不動産投資会社だけ**ということになります。

［2］
スルガショックとは
なんだったのか

　すでに報道でスルガ銀行の不正融資のことはご承知のことかと思いますが、少しその内容について触れてみましょう。

ずさんな融資が招いた結果

　不動産投資会社にとって、一棟モノのマンションやアパートを売りつけるにはスルガ銀行はとても使い勝手のいい銀行でした。

　その理由としては、融資の審査基準が他行よりも甘く、不動産の担保評価も高く評価してもらえ、借り手の属性もサラリーマンでそれなりの収入と自己資金さえあれば融資するというものでした。

　中でも「かぼちゃの馬車」の物件に多くの融資をしていたのがスルガ銀行でした。それほど建物に価値がないシェアハウスに融資していたスルガ銀行は、不動産投資会社と

組んで不正をしていたことが発覚し、大きな社会問題となりました。最終的には、スルガ銀行に金融庁の調査が入り一部業務停止処分を受けました。

その結果、**スルガ銀行からの融資は出なくなり、スルガを頼りにしていた不動産投資会社は投資物件を売れない**ということに……。

スルガ銀行からは融資が出ず、さらには、金融庁によって各金融機関への不動産融資に対する引き締めが厳格化され、一棟モノのマンションやアパートの融資ができにくい環境となりました。

このような金融機関から融資が出ない状況を不動産業界では「スルガショック」と呼ぶようになったのです。

▌スルガ銀行をめぐる危険な資金調達

私のところに来られた相談事例をお話しします。

Mさんはある不動産投資会社の誘導で、スルガ銀行のアパートローンを利用して物件を購入しました。

その誘導内容は先ほどと同様に、「自己資金はゼロ円」で不動産投資ができるというスキームになっていました。

購入した物件は1億円ほどの一棟モノの中古マンション

で、借入金は約9,000万円。

　物件の担保評価はスルガ銀行ならではの高額評価で、言ってみればスルガ銀行でないと9,000万円もの融資付けができない物件だったのでしょう。

　このケースではMさん本人が持っていた不動産売買契約書や重要事項説明書とスルガ銀行へのローン申込書の記載内容に整合性がないことがわかり、スルガ銀行に対して「融資申込時における不動産会社からの提出書類の開示請求」をすることにしました。その結果、Mさんが持っていた不動産売買契約書と銀行に提出された不動産売買契約書は、全く異なっていました。また、銀行には自己資金が1,000万円あるということが前提の資金計画でローン申込書が作成されており、手付金は払っていないにもかかわらず、1,000万円の手付金を支払ったとされる領収証のコピーが出てきたり、自己資金の有無を確認する書類でMさんの預金口座の残高がわかる書類は、ネットバンキングからの印刷物で、なんと2,000万円程度の預金がある形になっていました。

　当のMさんはこうした不正行為が行われていたのは全く知らず、スルガ銀行に提出書類の開示請求をしてはじめてわかった次第です。

また、**スルガ銀行の融資には本来のアパートローンのほかに、スルガ銀行のカードローンの契約と定期預金の契約、そしてスルガが提携している生命保険会社の個人年金保険の契約といった関連金融商品を契約されていました。**

　これは、いわゆる金融商品の抱き合わせ販売で、銀行法に抵触する行為を平然と行っていたのです。

　とくに、カードローンは限度額が600万円となっており、不動産投資会社からはこの枠はなんにでも使えるお金と言われていたそうです。確かになんにでも使えるお金ですが、まさか返済義務のあるカードローンとは思いもよらなかったようです。

　こうした不正行為は誰がやったのか。おそらくは、物件を売った不動産投資会社がこうした不正行為に手を染めたのだろうと思いますが、この不動産投資会社はすでに消滅しており、担当者への連絡もできない状況でした。

　仮に、不動産投資会社が不正行為をしたとしても、その借入れには買主に責任が及ぶ可能性があります。

　となれば、買主が虚偽の資料を使って不正に融資を受けたことになり、場合によっては融資金全額の一括返済を求められる可能性を秘めています。

　Mさんは物件を買った当初はお金の出入りがうまくいっていると思っていたようですが、なかなかお金が貯まらない状況でした。

　そんな矢先、中古物件ですから修繕の費用請求があったり、空室が立て続けに発生したために、入居募集のための広告費がかさみ、あっという間に債務超過に陥るというケースでした。

　現在では、ローン金利の引き下げをスルガ銀行にしてもらい、元金の債務免除も検討してもらっている状況です。

　金利の引き下げで、ようやく収支はプラマイゼロ、何か大きな修繕や長期の空室が出てしまうと厳しい現実となります。

　Mさんは、「不動産投資をすればサラリーマンも辞めて自由な時間で老後を送れる」と不動産投資会社に勧められ、仕組まれたスルガスキームに乗ってしまったのです。

　しかも、不動産投資会社の担当からは「私たちの言う通りしていれば、いい物件を買うことができ、しかも自己資金はゼロ円でいけます」ということでした。

　この不動産投資会社は、後に説明する「三為業者」でおそらくこの取引で数千万円の儲けがあったのでしょう。

Mさんは物件を購入した当時をこう振り返ります。

「当時は何もわからずに、不動産投資会社の人に言われるがままやっていれば、不動産投資で自由な老後が得られると思っていました。そのとき、僕と同じような人もこの不動産投資会社から物件を購入していました。その人はシェアハウスの新築物件を買うと言っていました。いま思えば、シェアハウスを買わなくてよかったと……この不動産投資会社はスルガ銀行からの融資を受けることで、かなりの儲けがあったのでしょうね。まあ、シェアハウスを買っていればいま頃は破産していたかもしれません」

　結果的に物件は買うことができましたが、大きな負債と精神的な苦痛を持つことになり、サラリーマンを辞めて自由な老後は到底、見えそうにもありません。

　いまでは、早期にこの不動産投資から退場できるように、物件を売りに出しています。

　このように、危うい資金調達をしてしまうと、一歩間違えれば人生を失うに近いトンデモナイことになるのです。

［3］

家賃保証とサブリース問題

　「かぼちゃの馬車」でも問題になった家賃保証やサブリースについての実態を、当方にあった相談事例や実際の契約書を見ながら考えてみましょう。不動産投資は不動産賃貸業であるわけですが、この不動産賃貸業を行ううえで、重要なファクターは賃貸借契約にあり、よく耳にするサブリース契約もこの賃貸借契約にあたります。

■ 不動産投資の根幹は賃貸借契約

　ここで少し賃貸借契約について見ていきたいと思います。
　不動産の賃貸借契約は民法や宅地建物取引業法、借地借家法に基づいて作られています。
　賃料は家主にとっては収入の原資であり、借入金があれば返済の原資になりますので、大きなポイントになります。
　資料１（P110〜111参照）は国交省が推進する一般的な賃貸借契約書になり、私どもでもよく見かける契約書になり

【資料１】賃貸住宅標準契約書

国土交通省資料（https://www.mlit.go.jp/common/001230365.pdf）より転載

ます。

　不動産賃貸業を営む家主にとって重要なのは、家賃を滞納されることなくきちんと払ってもらえるかどうかです。

　そこで、家主でから見た賃貸借契約の実情を少しお話ししましょう。

知っておきたい家賃債務保証

　家賃債務保証とは賃貸の物件を借りる際に入居者が加入するもので、入居者が万が一、家賃を滞納した場合に保証会社が代わりに家賃を立替える制度です。家主は家賃滞納を回避でき、入居者は保証人を立てることなく物件を借りることができます。少子高齢化で連帯保証人の確保が難しい時代背景から、こうした家賃債務保証の制度は非常に有効になります。

　入居者は賃貸借契約とは別に保証会社と賃貸借保証委託契約書を締結し、保証会社に対して保証料を払うことになります。

　保証料は、初年度で家賃の半月ぶんから１カ月ぶん程度が近年の相場です。翌年以降は、保証会社にとっても入居者への信用が高まるので、保証料が下がる場合もあります。

また、なんらかの理由で、退去時に入居者から回収できな
かった原状回復費や鍵の交換代も保証会社が出すプランも
あります。

　よく、アパートやマンションの建築会社などが使う「家
賃保証」の意味合いとは少し異なりますので、その意味を
取り違えないように注意しておくべきです。
　そこで、次に建築会社などがよく言う「家賃保証」につ
いてお話ししましょう。

サブリース契約と家賃保証

　サブリースは転貸（いわゆる、又貸し）を前提とした賃貸
借契約をいい、家主はサブリース会社と賃貸借契約を結ん
で賃貸物件を一括で借上げてもらうことを指します。また、
サブリース会社は一括借上げした物件を転貸して、入居者
と賃貸借契約を締結します。家主にとっては、空室が出た
としても一定の家賃が保証されるので安心して賃貸業を営
むことが可能です。こうした点が巷でよく言われる「家賃
保証」という意味になります。ちなみに家賃保証の相場は
募集賃料の90％前後が一般的になります。例えば、都心で

立地のいい場所では92％、郊外で利便性の悪い場合では80％というようなケースを多く見かけます。

　また、入退去の手続きや家賃の集金、トラブル対応など、家主にとって面倒なこともサブリース会社が行ってくれます。こうしてみるとメリットばかりが目立ちますが、サブリースにはやはりデメリットもあります。

　そこで、次にサブリースのメリット、デメリットをみていきたいと思います。

　サブリースのメリットとしては、空室でも家賃が保証される、入居者募集の手間がかからない、入居者募集の際の仲介手数料や広告料がかからない、家賃滞納があっても家主には影響がない、などがあります。

　また、デメリットとしては、家賃保証はあるが家賃の減額を強いられる場合がある、サブリース会社からの解約が簡単なためにいつ切られるか不安材料がある、入居者の詳細把握ができない、礼金がもらえない、入居者退去の原状回復費用は家主負担が多い、などです。

　このように、家賃保証があるから安心と思って安易にサブリース契約をしてしまうと、その契約内容によっては家主にとって不利な場合もあります。

プロから見た、してはいけない
サブリース契約

　サブリース契約では「かぼちゃの馬車」のように、サブリース会社の倒産による家賃の未払いが起きてしまう場合があります。「こんなはずじゃなかった」と思う前にサブリース契約の真意を把握しておく必要があります。

　例えば、サブリース会社は賃借人に該当するため、借家権でその立場が守られることになります。

　これは借地借家法に基づくもので、家賃を下げるような要求や正当な理由がないと契約解除ができないなど、元々は家主に比べて賃借人は不利であるという背景からできた法律です。しかしながら、昨今では賃借人は不動産のプロであるサブリース会社、家主は賃貸業の経験が乏しいサラリーマンなどの個人家主が多く、家主と賃借人の立ち位置が逆転しているのが現状です。

　したがって、サブリース会社とサブリース契約をする場合には、その約款を熟読しておかなければ家主にとって不利な契約をさせられることになります。

　具体的なサブリース契約書を見ると、家主にとって不利

な条項がいくつもあります。

とくに、注意が必要な箇所は、サブリースの期間、家主からの契約解除の条件や解除の際の違約金の有無やその額、契約解除の通知時期やその方法、借主からの契約解除条件などが挙げられます。

サブリース契約の期間では、マンションやアパートなど、借上戸数の多い契約は30年といった長期のものが大半ですが、区分マンションの場合には3年から5年、中には10年というものもあります。

サラリーマン大家にとってサブリースは安心だと思われがちですが、中には実勢賃料よりも大幅に安いサブリース賃料で契約している場合もあります。

素人のサラリーマン大家ではサブリース契約の内容を精査して、条項を変えたりするような交渉はできませんし、言われるがままサブリース契約をしているのが現状です。

そこで、国ではサブリース契約の適正化を図るために法整備を行い、2020年6月12日に「賃貸住宅の管理業務等の適正化に関する法律案」が参議院で可決、成立しました。

この法律は、サブリース業者とオーナーとの間の賃貸借契約の適正化に係る措置と賃貸住宅管理業に係る登録制度

サブリース契約書（サンプル）

の創設が盛り込まれています。

　その内容として、ひとつは不当な勧誘行為の禁止で契約勧誘時に故意に事実を告げない、不実のことを告げるなどの不当な行為を禁止するものです。もうひとつは契約締結前の重要事項説明の義務化が設けられました。不動産売買や賃貸、仲介の重要事項説明書と同じような形で対処しなくてはいけないことになります。とくに注目すべき点としては「何人も特定賃貸借契約書の適正化を図るため必要があると認めるときは国土交通大臣にその旨を申し出て、適切な措置をとるべきことを求めることができる」とあります。

　この条文により、契約当事者以外の人でも国土交通大臣に申出ができるので、高齢なオーナーに代わりその子どもらが申出できるというものです。

　また、賃借住宅管理業に係る登録制度というものが創設されました。これはオーナーが管理業者に安心して管理を依頼できるようにということでできたものです。

　この法律の運用はこれからにはなりますが、どこまで業界が適正化できるかがポイントでしょう。併せて、家主自身が不動産賃貸業にふさわしい知見を持つことも必要でしょう。

［4］
投資対象としての不動産は
欠陥だらけ

　「不動産投資」を勧めながらも、不動産投資会社は"投資商品"としてそのリスクを説明しないことは、プロローグでお話しした通りです。そもそも、不動産は株式や債券のように投資対象となるのでしょうか。私はそんな疑念を抱くときが多々あります。

　ここでは、一般的な投資対象である株式投資などと比較してみていきたいと思います。

他の投資商品とは異なる不動産投資

　投資商品の選び方は資産運用の方針にもよりますが、それぞれの特徴が自分の生活や人生の設計と適合しているのか、また、リスクとリターンを認識した上で、多くの人はポートフォリオを形成していくと思います。

　次頁の図は、一般的に見られる投資商品の比較表です。多くの資産運用や投資に関する書籍で共通して言えるのは、

投資商品の比較表

商品	金利	リスク	リターン	手数料の安さ	流動性	手数料	対インフレ
不動産投資	1%〜4.5%	中	中	✕	✕	✕	◎
普通預金	0.001〜0.2%	低	低	◎	◎	◎	✕
定期預金	0.02〜0.22%	低	低	◎	◎	◎	✕
個人向け国債	0.05%	低	低	◎	◯	◎	✕
FX	0.25〜1.75%（米ドル）	高	高	✕	◯	△	◯
株式投資	1.15%〜3%	高	高	✕	◯	△	◯
外貨預金	0.05%〜1%	中	中	△	◯	△	△
投資信託	0.64%〜13.9%	中	中	△	◯	△	◯

預金類はローリスク・ローリターン、株式投資や投資信託はハイリスク・ハイリータン、そして不動産投資は、その中間となるミドルリスク・ミドルリターンとして収益を堅実に出す投資方法として紹介されます。

　また、インフレ時に強い投資商品であることも強調され、長期的な資産運用で不動産投資を増やしていくのが理想だとも多くの書籍で語られています。しかし、不動産自体の管理維持費は他の投資商品の手数料の比ではありませんし、空室リスクや入居者トラブルなどを考えれば、金利や為替変動などを気にかけるだけの他の投資商品とは扱いが全くの別物だと言えます。

　また、投資商品の多くは、オープンで透明性のあるものです。例えば、株式投資は市場で取引がされており、世界中の誰もが簡単に行うことができます。その取引自体は法的に説明が義務付けられているため、取引時には毎回にわたって説明書が付いていて明瞭です。客観的な数値の変動に基づいて、公開された市場で取引は行われるため、透明性があり、オープンなものだと言えます。

　しかしながら、不動産投資の場合は大きなブラックボックスが存在しています。

投資対象として不動産の欠陥

（ブラックスボックス化、不透明な取引、公開市場なし）

　投資用不動産の取引は、実に不透明なものが多いことは、不動産投資をめぐる不祥事や不正行為の数々から皆さんもお気づきでしょう。ときには金融機関も加担して危ういスキームが推し進められていても、買い手が情報や知識を持って防衛意識を働かさなければ「プロの人たちが自分たちに協力的に教えてくれているんだ」と勘違いしてしまうのです。不動産取引は株式市場のように公に開かれたマーケットがある意味存在しないので、それぞれの不動産価格の信憑性が疑われても仕方がありません。

　不動産の価格には “1物4価” という言葉もある通り、正確な不動産価格はひとつとして存在しないと言えます。
　裏を返せば、不動産価格は全てオープン価格になっているので、その取引の主体者が勝手に値段を決めることができます。
　あえて、公開市場といえばレインズに登録されている不動産価格となりますが、現実はレインズに登録されていな

い物件の方が多いので、整合性のある不動産価格は正確にはわかりません。

その実態として、例えば未公開物件と称するものがあります。なんとなく希少価値が高い感じがしますが、その不動産価格が正しいものなのかは全く不明です。

未公開物件は不動産会社が価格や取引をコントロールしたいがために、あえて未公開物件とし、できるだけ高く売りたい、仲介手数料もいわゆる両手取りしたいという意図が隠されていると言えるでしょう。

したがって、一般のエンドユーザーにはそこで見た価格が正しいかどうかは判断できません。加えて、言葉巧みに「希少物件だ」「滅多に出ない、いい物件」とか言って取引するのが常套手段なのです。

投資マンションを買う場合では、不動産投資会社を介して買う場合とレインズで出回っている物件を比較すれば、レインズに掲載されている方が安価な場合が大半です。

ひとつとして同じ不動産物件はありませんが、それに近い物件は山ほどあります。そうした情報を的確に仕入れない限り、エンドユーザーには適正価格など到底わかるはずがないのです。

［5］

巧妙な営業手口

　不動産投資で物件を買ってもらうためには、あらゆる営業手法が取られています。

　私のところに相談に来られた事例を紹介しましょう。

手の込んだ巧妙な営業手法、親しき紹介者も注意

　相談に来られた多くの方は職場に電話営業でファーストコンタクトが取られています。

　大手上場企業の社員、勤務医のドクター、看護師、学校教員など、なんらかの名簿が出回り、電話営業で買わされたパターンです。

　「電話営業で不動産を買うなんてバカじゃないか」と思われますが、そこはプロの世界。言葉巧みに誘い出すものです。

　最近では、初回のアプローチは女性が行うケースが多く、

当たりが弱いので、ついつい次の約束をしてしまうようです。

　また、話の中で「同じ会社の●●さんも買っています」などと、身近にいる知人の名前を購入者として挙げることで安心感を抱かせるトークが多く見られています。

　次の事例では、職場の先輩や取引先の人に紹介されて買ってしまったパターンです。

　こんな相談者のお話をしましょう。

　Eさんは年収500万円程度で30代の一般企業に勤めるサラリーマンです。

　ひょんなことから、投資マンションを買う羽目になりました。

　それは、会社の先輩からの話で、投資マンション話を聞かされ、興味を持ってしまったのです。

　先輩も投資マンションを買っているという安心感も手伝ってか、不動産業者の話を聞くことにしました。

　話を聞いてみると、なんとなく将来の不安が解消できそうなイメージで物件を紹介され、契約をしました。

　しかも、続けて2戸も買ってしまったのです。

のちにわかるのですが、買った物件は都心ではあっても
それほどいい立地とは言えないもので、建物自体は売値に
見合った分譲マンションとは言えず、いわゆる地主が自分
の土地に建てるＲＣのマンションの類で、しかも低層、高
級感などはまったくありません。

　そんな新築マンションでも、戸当たり25㎡の１Ｋタイプ
で3,000万円近くの価格です。
　しかも、賃料はせいぜい高くて９万円未満ですから、と
ても儲かるはずはありません。

　こんな物件を自己資金10万円、その他はすべてローンで
賄うというものでした。
　購入の際には、なんと所有権の移転登記やローンの抵当
権設定費用、細々した税金など、約100万円程度を業者が
値引きをしていました。
　Ｅさんに聞けば、不動産業者の方で特別に値引きしても
らったとのこと。

　そのくらいの費用を業者が持っても、業者の儲けは２戸
で概ね1,000万円近くは抜いています。

　したがって、その程度の諸費用を値引くのにはなんの躊躇もありません。

　ある意味、まんまとカモられてしまったわけです。

紹介料として数百万円も紹介者に支払う不動産業者

　Eさんは、投資マンションを買っていた会社の先輩社員から紹介されて、投資マンションを買ったわけですが、不動産会社としては自社の社員が縁もゆかりもないEさんに営業してもそう簡単には売れません。

　となれば、この先輩が営業社員と同様の働きをしてもらったので、その謝礼として紹介料を払っています。

　概ね、数百万円は支払われていますので、それは先輩社員もいろいろな人に紹介して報酬を得ています。

　そのため、紹介者自身の不動産投資に関する赤字は、この紹介料でチャラになっている可能性が高いと推察されます。

　このように、紹介者を介して不動産の物件を買っているパターンは非常に多いものです。

　例えば、勤務医の場合でも同僚や先輩医師から紹介を受

けて買った、あるいは看護師の人で出入りの医薬メーカーの人から紹介を受けて買った、会社の先輩から紹介されて買ったなど、多々の相談事案があります。

　中でも、若手で収入もそこそこのサラリーマンが先輩から紹介を受けて買っているパターンが散見されます。

　こうした背景には、信頼や尊敬している同僚や先輩から「いい話だ」と言われると、断りきれない現実があり、不動産投資という得体のしれないものでも、「あの先輩がうまくやれているから大丈夫だろう」という変な固定観念が生まれ、ドツボにハマるという流れです。

　先輩である紹介者は、不動産業者からの紹介料で潤うわけで、先輩は一度、味をしめたら忘れられない、しかも自分の投資案件は赤字であってもなかなか気づくことはないのです。

　だから、後輩に紹介し、「俺はうまくやっているから」と自慢げに話をするのです。

　先輩や身の回りから不動産投資の話が来たら、要注意！と覚えておいた方がいいでしょう。

　その他の相談事例としては、電話営業や会社訪問の営業ができないご時世ですから、大手企業の独身の社員寮の近くで待ち伏せして不動産投資を勧誘された方がおりました。

　社員寮には直接、出入りできませんので、寮の近くのコンビニで待ち伏せし、"お金に関するアンケート"などと称して女性が話しかけ、個人情報を取りに来ます。

　男性の若手社員であれば、女性の質問を受ければガードは下がり、ついアンケートに答えてしまいます。

　そうこうしているうちに、その女性から電話を受け、面談の約束をしてしまいます。いざ面談でその女性が来ると思いきや、女性の上司が来て不動産投資の話を進めるという流れになるのです。

　こうした流れの特徴は初回のアプローチは必ず女性が話をし、その女性がアポイントを取れば女性の代わりに上司が話をして物件を買わせるというセールス手法になっているのです。

　この社員寮の会社では職場で大きな問題になり、社員全般に注意喚起が出されました。

　このように、最近では非常に手の混んだ手法を使い、言葉巧みに不動産投資を誘ってくるのです。

資産づくりセミナーも要注意

　老後資金2,000万円問題が注目を浴びたことによって、「老後資金はどう貯めたらいいのか」「どうやって作ればいいのか」といった資産運用に関するセミナーが大流行しています。

　こうしたセミナーに参加して不動産投資物件を買わされた事例を紹介しましょう。

　セミナーでは、お金の運用や投資先の解説をお金のプロであるＦＰ（ファイナンシャルプランナー）が講師として話をします。

　当然、お金のプロですから普通の人であれば信用してしまうでしょう。

　そんなセミナーの後半は不動産投資会社による不動産投資の話になります。

　不動産投資会社の説明が始まる頃には、セミナー参加者の一人ひとりに営業マンがはりついて個別対応を受け、興味がなくても聞かざるを得ない状況を作ります。

　セミナー当日では次回の約束をとりつける場でもありますから、強く営業行為はしないものです。

　やがて、約束した日に出向くと、隣りにはりついていた
営業マンとその上司が二人三脚でクロージングします。

　結果、この人は投資マンションを3戸も買ってしまった
のです。

　その投資案件の収支内容は「毎年50万円以上の持ち出し
金が発生する」というもの。

　買った当初から赤字の投資を皆さんはどう思うかはわか
りませんが、この方は30年返済のほぼほぼフルローンで買
っているので、少なくともローンの返済期間が終わる30年
間は毎年50万円を持ち出しするというものです。

　持ち出し金の累計は50万円×30年＝1,500万円となり、
これではなんのための投資かが見えてきません。

　老後資金2,000万円問題の話が出てから、こうした類の
金融関係のセミナーは大賑わいで、主催・協賛する側は、
不動産会社や保険代理店、銀行や証券会社というものが大
半を占めます。

　金融庁が「老後資金の確保のためにはなんらかのお金の
運用をした方がいい」とお墨付きをしたため、お金回りを
生業としている人たちは、自社の商品をここぞとばかりに

セールスしているのです。

　したがって、こうしたセミナーの裏には、主催者などのバックエンド商品が存在していることをあらかじめ認識しておく必要があるでしょう。

　例えば、私のところに保険相談に来られた女性の方。

　生命保険の代理店が協賛した老後資金セミナーに参加したそうです。

　そのセミナーでは、ＦＰの方が講師で話は老後資金不安を煽り、なんらかのお金の運用を勧めたそうです。

　セミナーの終わりには、保険代理店の話があり、運用によい外貨建ての死亡保険や個人年金保険の説明がありました。聞いているうちにいい話だと思い、ドル外貨建ての保険に加入してしまったのです。

　この事例では、セミナーを介して販売手数料が高い外貨建ての死亡保険や個人年金をセミナー参加者に巧妙な手口で買わせていたのです。

　外貨建ての保険の商品自体は、非常に複雑で素人では損か得かは判断がつきません。

　結果的には、説明を聞いていたほど運用がよくないことがわかり、解約する運びになりました。

　このように、老後資金の不安から"○○セミナー"に参加してしまうと、とんでもないモノを買わされてしまうので注意が必要です。

［6］

不動産投資が抱える根本問題

　不動産投資会社は言葉巧みに、不動産投資を行えば確実に資産を増やせると聞き手に信じ込ませる話をします。しかし、日本の現状とその将来を見据えるとそう簡単にはいかない背景があります。人口減少や空き家の問題、高齢化世代の増加に伴う介護の問題など、多くの問題点や課題があります。そうした問題点は不動産投資の分野だけではなく、多岐に渡って今後の日本社会に多くの影響をもたらすものです。

人口減少は加速している

　まずは、少子高齢化による人口減少という問題です。先進国の多くが抱える社会問題ですが、日本では2019年10月の報道で出生数90万人割れという記事がありました。厚生労働省の人口動態統計によれば、出生数の減少スピードは加速しており、少子化の進行は当初の予想よりも早く進ん

でいます。少子化はご承知の通り、社会保障制度を揺るがし、また、労働力の低下から人手不足はより一段と深刻化します。

　そう考えると、近い将来、不動産業界にも影響を及ぼす可能性があります。

　家余りの時代に住む人自体が減れば、ますます家余りは進行します。となれば、不動産価格にも反映されることは明らかでしょう。

　不動産の価値はそこに需要があってこその価値になりますが、少子化の進行や家余りの進行から需要自体が皆無になればその不動産の価値はゼロ、つまり値段がつかないことを意味します。

　近い将来、「買う必要がない」とか「借りる必要がない」という社会現象が起きてもおかしくはありません。

　そうなると、需要のある都心の一部を除いた地域の不動産は、今後、ますますその価値の下落を起こしてしまうのでしょう。

　ただ、コロナの影響で都心の居住やオフィス需要などがどのように変化するかは想像が尽きません。今後、ニューノーマルが当たり前になれば、住む場所や働く場所の変化は起きることが予測できます。

空き家問題について

　空き家問題について言及すれば、日本の不動産の行く末はさらに心配になるものです。

　空き家の実態は総理府統計局の資料を見ればわかりやすいもので、5年ごとに土地の統計調査を公表しており、その推移を確認することで空き家の増加が把握できます。

　2018年の総務省統計局による住宅・土地統計調査によると全国の空き家数は846万件で、全国の家の割合の13.6％が空き家という結果になっています。中でも、空き家数の多い都道府県は東京都が1位、大阪府が2位という結果になっています。これは住戸数の多い東京都や大阪府が空き家件数も必然的に多いという表れで、空き家率は全国平均を下回りますが、地方と比べてその数は圧倒的に多いことは理解しておく必要があります。

　また、野村総研が発表した「2030年までの住宅市場の長期予測」では、2016年に97万戸あった住宅供給戸数が、2030年度には4割減の63万戸まで減少、とくに貸家の供給

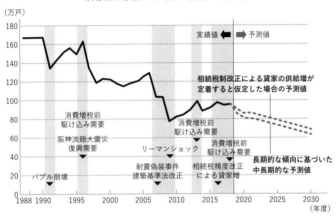

新設住宅着工戸数の推移と予測

（万戸）

実績値　⬅　➡　予測値

相続税制改正による貸家の供給増が定着すると仮定した場合の予測値

消費増税前
駆け込み需要

阪神淡路大震災
復興需要

リーマンショック

消費増税前
駆け込み需要

消費増税前
駆け込み需要

長期的な傾向に基づいた
中長期的な予測値

耐震偽装事件
建築基準法改正

相続税精度改正
による貸家増

バブル崩壊

出典：「住宅着工統計」（国土交通省）、野村総研の資料をもとに作成

世帯数の減少や住宅の長寿命化により

**新設住宅着工戸数は2030年度には
約63万戸に減少する見通し**

は43万戸から22万戸まで減少し、同時に2033年の空き家戸数は2,166万戸で空き家率は約3割を超えるというデータが出ています。

こうしたデータを見る限り、人口減少にともない、不動産自体の需要は全体的には減るという認識が必要でしょう。

インバウンド需要はどう考えるべきか

最近の地価公示や基準地価は、インバウンド抜きにはいかない現状があります。

例えば、2018年の基準地価を見ると大阪市の心斎橋や北海道のニセコスキー場がある倶知安、世界遺産の白川郷に行く玄関口の岐阜県高山市、沖縄県の全般、もちろん京都市祇園などは、地価上昇の原因はインバウンド需要によるものです。

インバウンドで多くの外国人観光客がその地域を訪れ、そこで多額の消費をしてもらえるとなれば、地域経済としての収益性や活性化がなされ、そこにある不動産はその収益性やその価値を上げる結果となっています。

　皆さんもご存じの心斎橋や京都市祇園は外国人観光客のメッカですが、地方都市でも同様なインバウンド需要があります。

　例えば、岐阜県の高山市。

　私は、クライアントの関係でここ数年前から高山市に行く機会があり、現在も年に数回訪れるのですが、人口が9万人足らずの地方都市に観光客がどっと訪れるのです。

　交通手段はJR高山線か高速バスでしか行けないところですが、世界遺産の白川郷に行くための玄関口なためインバウンド需要が年々増加しているエリアです。

　高山市の統計によれば、平成30年に高山市を訪れた外国人観光客数は約55万人で、月平均すれば約4.6万人の人が訪れる状況です。

　その多さの一例を挙げると、高山市は飛騨牛が食べられる有名な場所なのですが、市内の飛騨牛を扱うステーキハウスや焼肉店にはほぼ満席の状況が多く、それも外国人観光客ばかりで驚かされます。

　こうした背景から市内のホテル需要は旺盛ですし、インバウンドで繁栄していると言っても過言ではありません。

　したがって、不動産地価の価格も上昇するというわけです。

しかしながら、インバウンドが半永久的に続くとは言い難く、米中などの海外の政治情勢や為替リスクは常に存在するわけで、一度、円高基調が進行すればやはりインバウンドには大きな影響を及ぼします。

　しかも、今回のような新型コロナウイルスでのパンデミックが起きてしまうと、インバウンド向け需要は大打撃を受けます。高山市もこの影響をもろに受けており、観光客数の推移は今年の２月で前年比21％減、３月が前年比49％減、４月にいたっては多くの宿泊施設が休業し、前年比99.94％減となっています。

　この状態を見れば、かなり厳しい現状であることが理解できます。

　このまま、インバウンド需要の落ち込みと少子高齢化や空き家増加で不動産需要が減少すれば、投資対象としての不動産は魅力が薄れるものです。

140

4章

サラリーマン大家という幻想

3章では不動産投資にかかわる不正融資や巧妙な営業手口についてお話ししました。

　代々不動産賃貸業を行っている地主さんや大家業を把握して自ら行なっている人らは、不動産投資の騙しに容易には引っかかることはありません。

　しかし、『金持ち〇〇』などの投資哲学を通じて（収入を生む）不動産＝資産のイメージが広がって、大家業ができない人や知識のないサラリーマンも不動産に投資できるようになり、不動産投資会社の強引な勧誘による不祥事やトラブルが増え始めました。

　本章では、サラリーマンでも"不動産投資"を行えるという「サラリーマン大家という幻想」について考えてみましょう。

［ 1 ］
「オーバーローン」
「フルローン」は、投資ではない

　サラリーマン大家の幻想を支える柱は「ローンを組む」ことにあります。サラリーマン大家の投資方法は、安定した給与収入があることへの信用をフルに使って、組めるだけローンを組んで"資産（借金）"を増やし、家賃収入でローン返済をすればいい、という筋書きです。中でも、その基盤はオーバーローンやフルローンになります。

　不動産の購入代金すべてをローンで賄うのが「フルローン」と呼ばれるものですが、「オーバーローン」はなかなか聞き慣れない言葉かと思われます。オーバーローンと呼ばれるものは、物件の売買金額以上の額を融資として受けることを指します。それぞれのカラクリは次のようになっています。

オーバーローン

　例えば、物件価格が2,350万円の不動産売買契約を結んだとします。ローン審査に申し込み、物件価格の満額2,350万円でローンの承認が下ります。こののち販売業者と買い手との間で物件価格の値引きが生じ、物件価格が2,200万円となる売買金額変更の覚書を交わします。こうすると、ローン承認された借入額2,350万円から2,200万円を引いた150万円が浮くことになります。浮いたぶんは自己負担となる諸費用、登記手数料や銀行への融資手数料などに充当されることになります。

　簡単に言ってしまえば、**物件価格を水増しして住宅ローンを借り、水増ししたぶんは他の資金使途で使うのがオーバーローン**と言われるものです。「他のローンと比べて、住宅ローンの金利は低いからお得ですよ」という甘い言葉も不動産業者からは囁かれるかもしれません。ですが、住宅ローンを住宅購入以外に使ってしまうと、それは契約違反となり、銀行からは一括返済や違約金を求められることも十分にあり得ますので注意すべきでしょう。

フルローン

　フルローンはまさしく物件価格＝借入金額というもので、銀行がフルローンＯＫとしてくれればなんら問題はありません。ただ、「フルローンはオーバーローンと違って契約違反もない。別途金利が高くなる心配もないから安全」と思われる方もいらっしゃるかもしれません。とはいえ、頭金がなく〝自己資金ゼロ〟である点ではオーバーローンと同じ地点に借主はいます。

　いまでは、100％融資をしない銀行もあり、物件購入には自己資金が必要となっています。また、銀行の担保評価に基づいて融資額の上限が決まるので、ひとつの金融機関でのオーバーローンやフルローンは難しい環境にあります。そのため、不動産業者はメイン以外の金融機関、例えば、ファイナンス系の金融機関から無担保での融資を設定させて、実質的にはフルローンで物件を買わせているのが現実です。

　先ほど、ＡＲＵＨＩの融資事案についてお話ししましたが、いわゆる**投資用のローンで足りないぶんをカードロー**

ンである「ＡＲＵＨＩ提携型サポートクレジット」などを利用してフルローンを実行していました。カードローンは金利が高いので、ローン負担は想定していた以上のものになります。

　不動産投資会社は、「レバレッジを最大に利用できるのはオーバーローンやフルローンを使うことだ」と多額の融資に利点があるように勧めてきます。しかしながら、フルローンを組んで儲けがあればいいのですが、ハナから破綻している場合が多いのが現実です。

　例えば、節税対策に投資用マンションを勧められることもありますが、**フルローンを組んで購入し所得税が大きく還付できるメリットを出すには、年収が少なくとも1,000万円以上あること**が前提になります。年収も少なく、自己資金がほとんどないのにオーバーローンやフルローンを組んで不動産投資を勧められるのは、なんらうま味もなく投資として破綻していることを知っておくべきでしょう。

［2］

節税・生命保険や年金代わりなら、不動産を買う理由になっていない

　不動産投資会社は、投資のほかに「節税になる」「生命保険代わりになる」「年金代わりになる」と投資物件の購入を勧めてきます。国が国民に資産運用を勧める時代ですからいろいろな投資先を考えている人は以前より増えました。お金をそれほど持っておらず、投資についてあまり考えなくてもいいような人でも生命保険代わり、年金代わりになると聞くとメリットを感じるようになります。しかし、そのメリットが本当に自分に合うものなのか考える必要があります。

　まず、不動産投資で節税効果があるかどうかは、サラリーマンの場合では年収1,000万円というのがひとつの目安です。所得税が少なくとも150万円程度あれば、不動産投資による不動産収入と給与収入を損益通算して実質所得を引き下げる効果が期待できます。つまり、不動産投資を節税のツールとして使うのであれば、**所得が高い人に効果が**

あり、年収の少ない若年層のサラリーマンでは、もともと
の所得税率が低いので不動産投資会社が言うような節税効
果はほとんどないと考えるべきでしょう。

　この節税対策は、収益が上がっている開業医、給与の高
い勤務医などに有効的なものです。
　したがって、「節税するために不動産を買う」というの
は、ごく限られた人にしか効果はありません。

　次に、「生命保険代わりになる」という面では、ローン
を借りた際に付加されている団体信用生命保険の効果があ
るから生命保険代わりになると推奨しています。つまり、
借主に万が一のことがあった場合、借主のローンの残債は
団体信用生命保険でチャラになります。そうなれば、残さ
れた家族には相続で不動産を取得することができます。取
得した不動産はそのまま持って家賃収入を得るのもよし、
売却してお金に換えてもよしというもので、生命保険代わ
りと言っています。
　ところが、貸しても売ってもお金にならない不動産なら
ばいらないと家族が判断すれば、死亡保険の代わりにはな
りません。例えば、夫が2,000万円のローンを組んで2,000

万円の投資物件を買い、半分を返した時点で亡くなった場合、残りの1,000万円のローンはなくなります。しかし、物件そのものの価値が半減していたら、売りたくても売れない可能性もあります。仮に、貸すことを考えても維持コストがかかってリスクもあります。家族からすれば、面倒と負担が大きくかかってしまうのであれば、とても生命保険とは言えません。

　生命保険商品なら、例えば1,000万円をキャッシュで遺すことができます。相続という面でも生命保険商品であれば、税金がかからない方法もあります。**当然ながら、"生命保険"という機能の面から見れば、不動産よりも保険商品の方がよくできているのです。**不確実性を拭い去ることができない不動産が「生命保険代わり」にはならないということがわかります。

　また、年金代わりになるという面では、例えば、ワンルームマンションを将来の年金代わりに、と謳って新築ワンルームを若いサラリーマンに販売している不動産投資会社が多数あります。しかしはたして、ローン返済が終わる35年後に年金代わりの役目を果たしてくれるでしょうか？
私は懐疑的です。

物件を35年ローンで購入して、**35年後にマンション自体がしっかり家賃収入を生み出すように機能しているかどうかが問題**です。

　35年間、何もしないで建物が維持継続できることはありません。維持するための長期修繕積立金はもちろんのこと、古くなった設備の取り換え費用やまさかの水回りの修理費用など、年数が経てば経つほど、お金のかかる機会が増えていきます。よほど、キャッシュフローがプラスで回っているなら別ですが、ワンルームマンションであれば、よくて年間の収支がプラスマイナスゼロ、新築であればほとんどの場合マイナスですから、大きな修理がひとつ入っただけで、自己資金を用意していない人はひとたまりもありません。

　したがって、不動産投資会社が言う「ローンが完済した35年後には月に〇万円の家賃収入があって年金代わりになりますよ」とはそう簡単にはならないわけです。

［3］
サラリーマン大家は、
なぜ破たんするのか

三為業者問題

　サラリーマン大家の流行と破綻の背景を語るうえで、欠かせない点のひとつに不動産投資会社が転売でピンハネする構造、いわゆる「三為」の問題があります。

　業界的に三為は儲かるビジネススキームとして広く使われており、第三者のために契約を行う転売業者を略して「三為業者」と呼んでいます。

　三為業者はどのような流れでビジネスを行っているのでしょうか。

　三為専門の不動産投資会社は、レインズなどの不動産サイトに掲載されている物件や仕入れ専門業者から底値で買い、買った価格に少なくとも２、３割乗せて、サラリーマンやドクターなどのエンドユーザーである第三者に転売するというものです。

一般的に不動産物件を購入した場合には、買主に所有権の移転登記をする必要がありますが、三為の場合には自社の所有権移転登記を省略して、エンドユーザーに転売してしまうのです。

　また、買主は登記費用や不動産取得税を払う必要がありますが、三為の場合には省略された取引のため、自社で登記費用や不動産取得税を払うことはなく、エンドユーザーに高値で転売すれば、ピンハネしたぶんは丸々儲けとなるのです。

　三為業者のビジネススキームの事例を図示すると、次頁のようになります。

　売主のＡさんと物件購入者であるＣさん、そして第三者である不動産投資会社Ｂ（三為業者）がいます。Ａさんから不動産投資会社Ｂが区分マンションの物件を1,500万円で購入します。そして不動産投資会社ＢはＣさんに1.4倍の値である2,100万円で物件を即日転売します。

　本来ならば、不動産売買を行う際には必ず物件の所有権移転を行う必要があります。ところが、ＡさんとＣさんの売買契約として、その中間の所有権移転を省略してもよいとする「中間省略」によって、三為業者は登記する必要は

三為業者のスキーム

第三者の為にする契約を利用したスキーム

簡単に言えばただの転売屋
自社の資金は少額で済むので儲かる
転売先が見つからないと大変なことになる

銀行融資

第三者の為にする
売買契約

他人物売買契約

売主：Aさん
（物件の所有者）

三為業者：B社
（「第三者の為にする契約」を行う転売業者）

買主：Cさん
（一般の人）

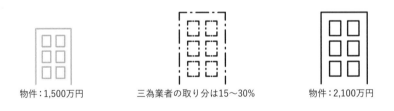

物件：1,500万円

三為業者の取り分は15〜30%

物件：2,100万円

所有権はAさんから直接Cさんへ移転
三為業者は中間省略登記を行う。

転売する前提として、第三者の為にする売買契約を締結すれば、所有権を売主から買主にこの三為業者を介さずに直接所有権移転をすることが可能。

なく、登記簿にもその経緯は載りません。そのため、転売者である不動産投資会社Cは、購入した際に発生する不動産取得税や登記免許税などを払わないまま、ピンハネした売値でBさんに買わせれば、丸々600万円を儲けられるというわけです。

Cさんからすれば本来なら1,500万円で買えた物件を600万円もの余分なカネを出して購入したことになります。

不動産投資会社が三為業者かどうかを見抜くのはなかなか難しいものですが、**取引した不動産の登記簿謄本を見て、元の所有者（図の場合はAさん）から最後の買主（Cさん）に所有権移転がなされていれば、その間にいる不動産投資会社は三為業者である**ことがわかります。

このように、三為業者である不動産投資会社を介して買った物件は、市況の実勢価格からはるかに乖離しているため高値掴みとなります。しかも、物件の管理と賃貸借も三為業者によるサブリースと家賃保証というスキームが使われますので、買った人は儲からない仕組みになっています。

つまり、三為業者から物件購入すれば、購入価格でピンハネされ、物件を貸し出す際に賃料などもピンハネされてしまうので儲かるはずがありません。

　おそらく、「サラリーマン大家」と称する人の大半はこのスキームで不動産投資会社から物件を買っていると思われます。

　また、**三為業者は自社で物件を買うことはありません。**したがって、会社としての資金力は微弱と言えます。おそらく、仕入れ物件の契約の際に支払う手付金ぐらいしか手元資金がないのでしょう。

　そのため、彼らと契約する場合には売主が預かる手付金が過少です。そこには、過少な手付金を放棄して契約解約というような高いリスクも存在しています。

　三為業者は物件の売買契約後に、買ってくれる第三者を探さなくてはいけません。売買契約の決済日までに第三者が見つかればいいのですが、見つからない場合には自社で物件を買うという契約に大半はなっています。ところが、決済日の２、３日前に「物件が自社で買えないから決済日を繰り延べてほしい」というようなケースがありました。買主はいわゆる業者ですからプロのはずなのに、素人みたいなことを言ってきたのです。この業者は、結局のところ１カ月後に決済日を迎えましたが、万が一のことを想定して、当初の決済日までに違約金に該当する金額を中間金と

してもらうことにしました。

このように、三為業者自体は非常に危うい会社運営をしている可能性があります。

▌不動産投資会社依存のサラリーマン大家

世の中のいわゆる転売屋と同じ構造が不動産投資にはあります。例えば、一棟30戸のマンション建物を第1社が建て、建物一棟を丸々第2社に売る。その第2社が1戸ずつ区分所有マンションに区分けして、値段を吊り上げて第3社、第4社、第5社と売っていく。転売に次ぐ転売を経て購入者が買う頃には本来の価値よりも大きく上回る販売額になっているのです。

こうなると、転売屋から買わずに元の売主から直接買いたいところですが、残念ながら元の売主が誰かなどという情報はエンドユーザーにはわかりませんし、投資用のローンを組むことが前提になると、不動産投資会社が提携している金融機関からしかお金が借りられない場合があり、結局のところ、不動産投資会社から買わざるをえないのです。

資金力があれば、このジレンマと直面する必要もなく、セミプロやプロの大家たちは転売屋のカモになることはあ

りません。しかし、「ローンを最大限にフル活用する」ことがメリットと謳われるサラリーマン大家は情報弱者であり、三為業者のいいカモにされてしまいます。サラリーマン大家の大半は投資用ローンを借りないと物件は買えません。そうなると、不動産投資会社を介した物件しか購入できないため、いい高値で価値のない物件を買っているのです。三為を専門とする不動産投資会社に依存する代償は、資金力も知識もないサラリーマンにとってはあまりにも大きいと言えるでしょう。

　私のところに相談に来られたサラリーマン大家は不動産投資会社に言われるがままにローンを組み、高値で物件を買って、サブリースで運用している方が大半です。

　投資用マンションを8戸も9戸も買って借金は2億円、毎年の持ち出し金を200万円も出さないといけないなど、投資スキームは破綻しています。

　自分では気がつかないうちに自己破綻への道に進んでいるのです。

［4］
不動産投資会社のタイプを
見極める

　転売構造からも見えてくるように、不動産投資会社と一口に言ってもタイプがあります。大きく分けて次の３つのタイプがメインとなります。

仕入れ業者

　土地などを安く買い取って建物を建設して売るのが仕入れ業者です。仕入れ業者は、広告などの宣伝や売主への飛び込み営業、競売物件などによって土地の仕入れをしています。エンドユーザーである物件を購入してオーナーとなる人からすれば、この仕入れ業者から直接購入できれば、先ほどの三為業者のような転売による高値よりも本来の価値にできるだけ近い購入額で物件を得られる、と考えるのが自然でしょう。

　しかし、基本的に仕入れ業者は同じ業界にいる販売業者に規模の大きな物件を売るものなので、仕入れ業者からす

れば小さな規模を求めるエンドユーザーに応えてくれるような仕入れ業者はほとんどなく、見つけることは至難の業なのです。

とはいえ、土地や建物の品質にかかわるわけですから、エンドユーザーにとって決して無縁の存在ではありません。

販売業者

エンドユーザーの一般的な購入先が、販売を生業とする不動産投資会社です。不動産投資会社のタイプの中でも最もメジャーなタイプと言えます。不動産売買において一番美味しい蜜を吸えるのは三為業者ですから、小規模の会社も多く存在しています。

三為業者からすれば、可能な限り物件価格を水増しすればそのぶんだけ利益になるわけですから、あの手この手を使って売ろうとします。そのため、不正行為が横行し、販売業者によるトラブルも多いのです。

一貫業者

　建築・売買・不動産管理まですべて同じ会社が行う一貫業者も不動産投資会社にはいます。販売会社よりも安全に物件を購入できるというイメージにもつながるため、不動産投資会社からすればアピールポイントにもなるでしょう。コマーシャルで目にするような不動産投資会社の多くは、この一貫業者のタイプだと言えます。

　このくらいになると、会社規模も大きく大手企業になりますが、大手だからといって安心できるというわけではありません。販売している物件の表面利回りは決して高くなく、儲かるわけではありません。また、業者側にしても、レオパレスのように手抜き工事による施工不良問題のリスクもあるのです。

　結局のところ、エンドユーザーがなるべく損を出さずに不動産投資をしたいのなら、自分で物件を探して購入し、自分で管理することが最も儲かります。

　これまでにお話ししたような地主の不動産賃貸業も、お金を借りるなら地元のＪＡや信金、人の出入りがある場合

は街の不動産屋をいくつか尋ねて募集をお願いし、賃貸契約を済ませ、家賃も入居者から直接受け取っていました。シンプルですが、最も着実に儲けが出るプロの方法です。

　自分が把握できないところで様々な業者を経て、わからぬままに契約を交わすのではいいカモになるばかりです。

[5]
プロの大家業とは何か？
そのことを考えてみる

　プロの大家業とは、簡単に言ってしまえば不動産賃貸業であり、ある意味、賃貸専門の不動産業者とも言えます。

　いわゆる地主大家さんも地元の不動産屋さんの力を借りながら、入居率を下げないように努めます。自分が持っている賃貸物件の管理だけでなく、自己資産あるいはローンを使ってアパートやマンションを作っています。

　素人がプロの不動産賃貸業者に並ぶには、同等の知識と経験を積まなければ難しいでしょう。サラリーマン大家の代表的な存在だった水戸大家さん（峯島忠昭さん）も2018年に廃業しました。大家業を通じてさらなる儲けを出していくことが難しくなると、不動産業界のモラルの低さや不祥事、トラブルが起こります。借りたカネが返済できないとなれば、物件を売るわけですが、売れなくなってしまえばお手上げ状態で自己破産という未来も起こり得るのです。

　不動産投資といえば羽振りがよく、物件を買って放置していれば左うちわで暮らせる、そんな幻想を抱いているサラリーマン大家は多いのでしょう。

　しかしながら、本業の傍に副業として大家業をこなしながら "投資" として収益を上げていくには、いい物件を多数所有しているなどの条件が揃っており、しっかりとマネジメントできていることが前提になります。

　また、普通のサラリーマンにとって、数千万円や数億円は非日常的な数字です。高額の融資を受けるということは、よく見れば「それだけの資産を得た」という誇らしげな気持ちにもなりますが、現実に起きていることは多額の借金を抱えたわけで、「資産＝負債（借金）」なわけです。

　そこには、何十年もかけて借金を返済し続け、完済しなければ本当の資産にはなりません。

　借金で得た資産は負債ではないという不動産投資の幻想に目は曇り、自分は儲かっていると勘違いするのです。

　プロの大家業をこなすには、デマに流されることなく、自分で調べて収支を計算し決断していかなければなりません。今後、それができない大家さんは淘汰されていくでしょう。

［6］
不動産投資をする前に、
ライフプランを考える

　ここまで不動産投資の幻想と現実の厳しさについてお話ししました。ここでは不動産投資を行う前に、自分の人生とお金について知り、将来について少し考えてみましょう。

　年収が1,000万円以上なければメリットがないにもかかわらず、不動産投資会社の勧めるままに不動産投資物件を購入してしまうのは、漠然とした将来の不安やなんとなく不動産投資をすればそうした不安が解消されるという曖昧さがあるためです。売りたい側からすれば、買わせるために安心材料を並べ立てるでしょう。

　煽られる前に現実を見据え、将来に対しても現実的なライフプランを考えておく必要があります。

いまの自分を棚卸しすることから始める

　さて、唐突ではありますが、いまのあなたはいくらぐら

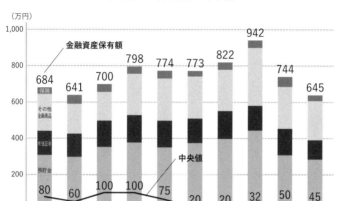

金融資産の保有額と中央値

（万円）

出所:「家計の金融行動に関する世論調査」金融庁　2019

　いの預貯金があるでしょうか。

　上図は、1世帯当たりの金融資産の平均値と中央値を示したものです。金融資産の平均値は2017年に942万円、2018年744万円、2019年に645万円と右肩下がりになっています。おそらく2020年はさらに金融資産の平均値は下がるでしょう。平均値は単純に合計額を総人数で割っただけのため、高額の預貯金を持ついわばレアな数字に引っ張られがちで

す。その点、ちょうど真ん中にあたる人がいくら持っているのかがわかる中央値の方がより現実に近い感覚といえます。

　その中央値を見てみましょう。驚くほど低い数値になっていますが、これが現実といえます。2017年に32万円、2018年に50万円、2019年に45万円です。これを見ると、ほとんどの人は貯蓄できていないことがわかります。

▎未来設計をし、お金の使い途を考える

　若いうちは「面倒だから結婚なんてしないし、独りで楽しく生きていくならとりあえず生きていけるだけ稼げてればいい」と思うかもしれませんが、出会いや価値観の変化は訪れますし、いざ結婚となれば資金が必要になります。子どもができれば教育費もかかりますし、より広い家への引っ越し、マイホームを持つことも考えるでしょう。たえ独り身を貫くにしても、定年まで健康でバリバリ働ける保証もありません。病気や怪我、景気悪化やなんらかの理由で失業することも考えられます。

　こうした将来に対し、不動産投資で数十年もかけて返済しなければならない多額のローンを負うことは、不動産投

資会社が謳う“ミドルリスク・ミドルリターン”と呼べる
ものではありません。お金の心配があるのならば、まずは
自分のいまのお金の収支を把握して向き合うことから始め
るべきです。

　年収が1,000万円以上になったら節税を考えたり、本格
的に収益を増やしたいと思えばステップアップとして、資
産運用のひとつとしての不動産投資を考え始めればよいで
しょうが、年収がそこまでないのであれば、**まずは年収に
見合った貯蓄額を考え、安定したポートフォリオを形成す
ることから「投資」を学び、自分で調べて考え、決定する
力を養うとよいでしょう。**

　また、時代は変化し、価値観も変わっています。これま
では都心のタワーマンションで生活する富裕層の仲間入り
が夢として描かれていましたが、海外ではこうした生活を
捨ててミニマリズムやタイニーハウスといった真逆の質素
なライフスタイルが若者の間で人気となっています。最小
限のお金と持ち物、慎ましい暮らしの中で満足感を覚える
のなら、不動産は投資用に購入するのではなく、人生を送
る住宅として取得するものになります。安心して子育てで
きる環境として田舎で中古の一戸建てを購入すれば、子ど

もが巣立ったリタイア後ものんびりと暮らせるかもしれません。同じ不動産購入でも、このように人生について考え、自分やパートナーにとっての何が一番幸せかを考え、自分たちの身の丈にあった不動産を選ぶ方が現実的で堅実と言えます。

▌それでも不動産投資をやりたいなら……

不動産投資はあくまでも資産余力ができてから挑むマーケットであり、最初に選ぶ投資商品ではありません。それでもやりたいのであれば、自己資金を持つようにしましょう。少なくとも物件を買う際には頭金を支払えるようになるまで貯蓄し、間違っても販売業者が勧める通りのフルローンやオーバーローンを行わないことです。

不動産投資会社に言われたことを鵜呑みに借りるだけ借り、気づいたら買う前に考えていた返済額と違うといった結果を招かないよう、怪しいと思うことは徹底的に調べあげ、しっかりと計画を立ててそれに沿うようにマネジメントしていくべきでしょう。

また、最初にお話ししましたように、コロナの影響が今後、どこまで続くかわかりません。となれば、これまでの

不動産投資の考え方は通用しなくなるでしょう。インバウンド向けのホテルや民泊需要はかなり厳しい状況ですし、店舗需要を見込んだ商業施設、オフィス需要もどうなるかはわかりません。比較的需要が見込める可能性はいわゆる居住用の賃貸需要なのでしょう。

　巷の繁華街では、売り物の商業賃貸ビルが増えていますし、空き店舗も目立つようになりました。負のスパイラルがそこまで忍び寄っています。

　投資運用の原則は、どれだけ利益を上げられるか？　という「**収益性**」、どれだけ予定通りに収益を上げられるか？　という「**安全性**」、そして、いつでも換金できるという「**換金性**」、この３点のバランスを考える必要があります。

　こう見ると、「宿泊需要」だけとか「店舗需要」だけという偏った投資を不動産投資で行うと失敗する可能性が高くなります。しかも、借入というレバレッジが効いていると、ますます厳しくなることがわかります。

「融資さえ受けられればすぐに物件が購入可、家賃収入を得られるのが不動産投資だ」などと謳う書籍もありますが、家賃収入を収益の原資とする不動産投資は、その投資先に

有効需要、つまり、投資先のモノを多くの人が借りたり、利用したりということが大前提での投資先なのです。

ところが、コロナ禍でこの大前提が崩れることになりました。

株や債券というような投資先とは違い、不動産は不確実性が高く、換金性も低い投資先である特徴がコロナ禍では如実に表れています。

こうしたことを十分に理解して、不動産投資を行う必要があるでしょう。

プロの投資家から見れば、実物不動産はそれほど魅力的な対象とは言えません。したがって、投資などしたことがない若年層のサラリーマンや公務員が不動産投資をメインに考えることは、非常にリスクが高いということです。

自分の人生を差し出してまで不動産投資をする必要はありません。

5章

不動産投資で
カモられないための
相談事例

ここからは私に相談があった事例をご紹介しましょう。

Q1からQ7までは区分マンション関係の事例、Q8からQ9までは一棟モノのマンションやアパート関係の事例です。

Q1

区分マンション の相談事例

4年前に購入した2つの物件を売却したい。

A.Kさん 〈年齢〉34歳 〈年収〉500万円弱 〈貯金〉150万円

とくに知識はないものの節税対策になるならと考え、4年前に大阪で2件の新築ワンルームマンションを購入しました。30年ローンを組み、家賃収入で返済するかたちです。

ところが、最初に販売業者から聞いていたよりもずっと支出が多い状態です。退去されれば修理代がかかり、空室が続けばローン返済は持ち出しになり、節税対策のはずが固定資産税の支払いもあります。これが残り26年間も続くのかと思うと、続けられるのかと不安になってきました。今後も素人では予期していない事態や大きな支出もあるで

しょうし、対応できるかわかりません。手放したいというのが本心ですが、続けるべきでしょうか？　どうしたらよいか全くわからず、本当に悩んでいます……。

　投資マンションは、手軽に購入できる反面、購入後の運用や出口をいつどうやって見つけて対処するかは難しい面があります。いざ売却となれば、査定金額が安価でなかなか思うようにはいかないケースも散見します。

　手順としては、以下のようになります。

①現物件の状況確認や調査

　お客様のご提供いただく物件資料をもとに、中立的な視点で投資用所有不動産を客観的な指標で調査します。

②売却金額や賃料の精査・ローン利用の場合の残債確認等

　将来の収益が確保可能か、もしくはその損失を最小限にするために精査します。

③売却すべきかの判断

　現状継続、改善策のご提案による維持継続、もしくは適宜売却かを総合的に判断するサポートを行います。現実的なご提案となるため、不動産投資の不安を解消し、現不動産投資の良し悪しをご判断いただきます。

④売却の場合の金額査定・売却依頼

　仮に売却となれば、マイナス面を最小限にできるようご提案します。

　東京圏をはじめ、大阪圏や福岡圏などの物件をお持ちの方で、当方のサポートをご利用になって売却された方は多くいらっしゃいます。一度、お問い合わせください。

Q2

区分マンション の相談事例

中古ワンルームマンションで
よさそうな物件があるというのですが…。

I. Hさん　〈年齢〉38歳　〈年収〉800万円　〈貯金〉1,200万円

　東京23区内に中古の駅近ワンルームマンションの現金購入を考えています。業者はもちろんよい投資であると勧めます。

　順調に入居者がつくという前提でもキャッシュフローを考えると、マンション購入資金を回収するのに20年はかかります。

　その後、年金の足しになると思ったのですが、古くなれば入居者がつく保証もなく、そうなれば売却も二束三文になります。迷っています。

「中古ワンルームマンションは、立地と物件を間違わなければ必ず成功する」と聞きますが本当でしょうか？

　アドバイスをお願いします。

　投資マンションの購入にはご指摘の通り、購入資金の回収だけでなく、空室リスクや売却にかかるコストといった心配はつきものです。

　とくに、中古物件購入の場合には、築年数や近隣の市況などいろいろな面での検討が必要でしょう。

　また、購入後、長期に維持するにはどうしても難しい面もあります。

　リフォーム費用の蓄積や空室に対する対策なども十分に検討していかないと長期間の所有は厳しいものです。今後、ご承知の通り、少子高齢化で人口減少は必須ですし、2戸に1戸は空き家の時代が来るといわれています。そうなれば、いくら首都圏とはいえ空室のリスクは想定しておかなくてはいけません。

　そのため、物件選びにはこうしたリスクが少ない物件を選ぶ必要もあるでしょう。

　また、購入後には最終的にいつ頃にいくらで売却できる

かを考えておかなくてはなりません。

　例えば、数年間、賃料収入をどれだけ得たのちに売却していくかも視野にいれておくべきでしょう。

　業者のセールストークはいいことしか言いませんので、彼らの言葉に惑わされない選択をされることをお勧めいたします。

Q3

区分マンション の相談事例

投資マンションの勧誘に合いましたが、どうすればいいでしょうか。

K. Hさん　〈年齢〉27歳　〈年収〉400万円弱　〈貯金〉250万円

　自宅に業者が来てマンション投資の勧誘を受けました。都心のマンション1戸2,200万円で、東京周辺のベッドタウン、駅より徒歩5分圏内という立地で空室になるリスクも低そうです。「お金なんてない」と話すと「頭金は10万円で大丈夫。こちらのシミュレーションに書かれている通り、ローンの支払額は月8万円程度、維持費月1万円程度がかかっても家賃収入があるので、月の支出額は1万4,000

円程度。それで20年から35年で完済できる。完済後に売れば老後資金にもなる」という説明に契約を進めました。

しかし、20代のうちに多額のローンを抱えることは無謀だと考え直し、連絡をして断りました。しかし、すぐにやってきて、

①自宅購入のローンと違って"資産"となるため、ローンがあっても自宅等のローンも組める

②老後まで持ち続けるので元本割れしない

③都心では家賃の下落もせいぜい最大10％。家賃下落のリスクはほぼない

と、「リスクのない資産運用法だ」と食い下がられています。

果たして本当なのでしょうか？　業者の言いぶんを信じてよいものか、アドバイスをください。

ご質問者の方が受けている業者の言葉は、投資マンションの販売では常套句です。

結論から先に述べると、現状では単純な賃料のみの利回

り計算では年4％のため、うま味はありません。これに税金や管理費等が加われば年3％以下という可能性もあります。

　本来ならば、賃料から逆算して投資マンションの利回りは少なくとも6％以上はほしいところ。月8万円の賃料であれば、1,600万円程度の物件でないと割に合いません。仮に2,200万円で購入しても、将来的には1,600万円程度でないと売れないでしょう。

　例えば、数年後に売却したいと思っても、フルローンで買えば概ね元金とほぼ同額のローン残債があり、500万円程度の自己資金等を持ち出ししないと売れないのです。

　リスクがないという業者による3つの根拠ですが、下記の通りに考えられます。

①自宅ローンも組める

　購入物件の収支が赤字であれば、高年収であっても借入れは難しく、申込みの受付自体もできない可能性もあります。さらに年収が少なければ、なおさらのことです。

②元本割れしない

そもそも、何が元本割れするのでしょうか？

仮に"購入金額"を元本と見た場合、この先の経済環境が好転してスーパーインフレにでもならない限り、購入金額を上回る売却は難しいでしょう。また、今後30年先にはマンション自体もかなり老朽化しますので、維持費にどれだけ負担がかかるかは不明です。

③家賃下落のリスクはほぼない

立地次第ですが、東京都23区内でも新築時から10％下落しているものもあり、少子高齢化が進行している現状では賃料の下落は厳しいものです。都心でもいったん空室になれば3カ月程度も空いてしまう物件もあるので、甘く考えてはいけません。

とくに、築年数が古く狭い物件は「フリーレント2カ月」「敷金礼金ゼロ」という募集条件になった事例もあります。

ちなみに、投資マンションをローンで購入してメリットのある給与所得者は、少なくとも年収が700〜800万円以上はないと、損益通算での所得税の減税効果が期待できませ

ん。しかも、効果のある期間は購入後 5 年程度と考えるべ
きでしょう。

　また、ローン利用での購入リスクは、金利上昇による返
済不能が考えられます。それに加えて、家賃の下落や空室
期間が増加すれば、より厳しくなることは明白です。そう
なれば、最終的には任意売却や競売ということになります。
自己破産等の道しかないとなれば相当な痛手を被ります。
　購入後に収支が赤字で住宅ローンが組めない方や、家賃
保証があっても毎月 3 万円も持ち出しして、売却も損切り
数百万円しないと売れないなど、購入したがために精神的
にも追いつめられる方々は多くいらっしゃいます。
　ですから、購入してもメリットを感じないのであれば、
きっぱりと断るべきでしょう。

　長時間の拘束や電話勧誘、夜間の訪問や電話といった、
あまりにもしつこい営業行為は、宅建業法でも禁止されて
おります。もしそうしたことが頻繁にあれば行政にも相談
しましょう。

区分マンション の相談事例

投資物件を繰上返済して、月々の負担額を下げるのは間違っていますか。

M. I さん　〈年齢〉45歳　〈年収〉500万円弱　〈貯金〉200万円

　12年前に物件の1割を頭金として約2,500万円のローン（35年、変動）を組んでワンルームマンションを購入しました。途中、空室期間があったり賃料を下げながらも、月2万円の自己負担でなんとか現在まで運用しています。リターンなど全くいらないので本当はいますぐ売りたいのですが、売却の差額が補填できず持ち続けております。

　そこで質問です。

　投資用のマンションも返済に充てる自己資金があるなら、繰上返済した方がしないよりリスクは小さいですよね？無論、繰上返済額は「ライフプランに照らして現実的な金額で」と考えております。

　月々の自己負担は少ないものの、どんどん古くなり価値が減るワンルームを、このまま持ち続けるよりは、せっせと繰り上げてローンを終わらせ、売却なり保有なりが定石

かなと考えています。

　繰上返済のリスクやデメリットがあるならアドバイスをいただけますか？

　繰上返済で手元の資金が減るということ以外で何かあれば教えてください。

　購入されたマンションは相場感からすれば、おそらく高めの金額で購入されたと考えられます。

　また、現時点での持ち出しが年間24万円あるとなれば、厳しい状況ですね。

　そこで、ローンの繰上返済をとのお考えですが、その前に「この物件をいつ、どのような形で売却するか」あるいは「所有継続をするか」、いわゆる出口戦略をどうするかを検討すべきでしょう。

　また、当面、現状の持ち出しを減らすために、ローン金利の見直しや賃貸借の契約内容の精査、さらには、売却に向けての物件査定などはこの機会にされておくことをお勧

めします。

　併せまして、損益通算による所得税の還付がどのくらいあるのか、また、今後も引き続き見込まれるのかなども計算しておくべきです。

　上記の点を踏まえて、現状把握とその先の見通しを考えてから、繰上返済をした方がいいのかどうかを検討されるべきでしょう。

Q5

区分マンション の相談事例

投資用ワンルームマンションを購入する基準について知りたいです。

Y.Sさん　〈年齢〉33歳　〈年収〉700万円程度　〈貯金〉300万円

　投資用ワンルームマンションの購入について、物件や条件の基準がわからず迷っています。

　京浜東北線沿いで都内の新築マンションで、駅までは徒歩2分程度。物件としては悪くないと感じています。物件額は2,300万円。借入金が1,000万円、金利が2.41％の35年払いです。設定されている家賃は8万7,000円程度で、家賃

保証の95％ぶんにあたる8万3,000円程度が家賃収入にな
る予定です。9,000円の共益費を差し引けば実質7万4,000
円程度になり、ローン返済が月8万1,000円程度なので、
月々70,000円の持ち出しにはなります。

　マンションの管理等は、その物件の販売会社が行ってく
れるとのこと。他の初期投資についても値引交渉があり、
買入価格と借入れの差の10万円程度で収まりそうです。さ
らに家賃保証も期限はなく、立地も駅近なので年数による
家賃値下げも大きくないだろう、と担当者の話を聞いて感
じました。販売会社も10年以上やっている信頼のおけると
ころだと思います。

　ただ、はじめから損が見込まれる物件を買いたくはあり
ません。勉強不足でよくわからない部分もありますが、年
金代わりとして将来の老後資金のための投資にしたいと思
っています。アドバイスをお願いします。

　そもそも、不動産投資物件を不動産投資会社から買う場
合、儲かる可能性は低いです。不動産投資会社のビジネス

モデルは、安く物件を仕入れ、自社の利益を物件額に上乗せし、第三者に転売するというものだからです。それでは、物件自体は市況よりは割高になり、結局のところ、高値掴みをしてしまいます。

不動産を熟知するプロは、市況で売られている物件を不動産投資会社同様に安価で買う、あるいは市況が高い時期には物件自体を購入しないという選択肢を持っています。高値で掴まされる素人は、簡単に儲けることのできない仕組みになっているのです。

購入目的は「将来の年金代わりに」とのことですが、そう謳って新築ワンルームを若いサラリーマンに販売している業者が多数います。しかし、はたして、35年後に年金代わりの役目を果たしてくれるでしょうか？

つまり、35年ローンで購入し、返済し終える35年後にマンションがしっかり家賃収入を生み出すように機能しているかどうか？　というのが問題なのです。

35年間、何もしないで建物が維持継続できることはありません。維持するための長期修繕積立金はもちろんのこと、古くなった設備の取換費用、水回りの修理費用など、年数が経てば経つほど、お金のかかる機会が増えていきます。

　よほど、キャッシュフローがプラスで回っているなら別ですが、ワンルームマンションであれば、よくて年間の収支がプラスマイナスゼロ、新築であればほとんどの場合マイナスですから、大きな修理がひとつ入っただけで、自己資金を用意していない人はひとたまりもありません。

　また、賃料もたとえ都内の新築物件であろうと35年以上変わらないということはありえません。

　賃料は一般に建物の経年劣化に応じて下落します。築年数が１年異なると0.5〜１％程度、賃料に差が出てくるのです。今後の人口減少も加味すると、立地によってはそれ以上に賃料が下落する可能性があります。

　空室リスクを避けるための家賃保証というシステムも、セールストークを聞くと安心材料に思えますが、35年間「同額で保証」されることはありません。家賃保証契約は、その時点での建物の経過年数や賃料相場の実勢に合わせて一定期間ごとに改定されます。

　家賃保証契約も気をつけなければなりません。途中での家賃保証契約の解除には、何カ月ぶんものペナルティを支払わなければならないという条文が入っていることもある

からです。そうなれば売却するのが困難になり、そういった相談も数多く受けています。

Q6 　区分マンション の相談事例
新築ワンルームマンションを売却すべきかどうか。

S.Mさん　〈年齢〉35歳　〈年収〉500万円程度　〈貯金〉500万円

　4年前、知り合った人に勧められ、大阪市内の新築ワンルームマンションを1件購入しました。駅から徒歩8分。購入額1,600万円をフルローンで購入しました。

「節税対策」「生命保険代わりになる」と勧められましたが、詳細なキャッシュフロー等も説明されませんでした。最近になっていろいろと見ていくにつれて不安でたまらなくなりました。

　毎月の収支は赤字です。月々の返済額は5万5,800円で管理費は5,800円。家賃は5万9,700円です。固定資産税もかかり、今年の確定申告の還付金を考慮しても、年間7万7,500円の赤字になっています。いまのところ入居者はい

るのですが、その人もいつ退去するかと不安です。知識不足、人の見る目のなさが招いたことですが……。

今後どのくらいの費用を覚悟しておかなければならないのでしょうか？　また、税金やローンの手数料を考えると5年は保有してから売却を検討すべきか、あるいは保有し続ける方がよいのでしょうか？　また、もし売却する場合はどのようなところに依頼するべきでしょうか？　売却でトラブルにならないかも不安です。

客観的なご意見をいただければ幸いです。

ワンルームマンション投資のセールスは「節税になる」「生命保険代わりになる」「将来の年金代わりになる」など、その常套句で販売をするのが基本です。

しかしながら、節税効果が出るのは税込年収が1,000万円前後でないと大きな効果がありません。年収が低い方々は、もともとの所得税率が低いので源泉徴収税が少なく、その時点で減税されていると考えるべきでしょう。

これは、住宅ローン減税も同様で、例えば、10年間で最

大数百万円の還付があると宣伝されがちですが、年収が高い人ほど満額の還付が受けられる可能性があります。

　したがって、業者がいう節税効果は限定的なものになります。

　また、生命保険代わりになるという点では、借入金に付保している団体信用生命保険で借金をチャラにしてくれるもので、本来の生命保険のように死亡したら受取人に現金が支払われるわけではありません。ローンがチャラになればマンションは残りますが、そのマンションを売らない限り、本来の生命保険のようにまとまった現金をすぐに手に入れることはできません。

　家余り時代に突入している現在では、期待通りに売れて現金を手に入れられるかは不透明です。

　とくに、不動産は換金性が低いので、いざ現金にしようと思っても簡単には現金化ができません。

　こうした理由から生命保険代わりにはなりにくいものです。

　このお話は拙著『不動産投資は出口戦略が9割』で事例と共にご説明しておりますので、ぜひご参考ください。

　現時点で赤字ということであれば、ローンの一部償還をしてローン残額を減額しない限り、赤字が継続すると考えるべきでしょう。また、このマンションを所有していてなんらかのメリットがあればいいのですが、現状ではほとんどないと言えます。

　仮に、ローンの返済期間が30年で、その間、継続所有した場合、約230万円の持ち出しになります。その間にローンの金利が上がった場合や管理費や修繕積立金が上がるとますます持ち出しが増えます。加えて、30年経過したマンションを現状と同じ賃料で入居してもらえるならばいいのですが、なかなか難しいのが現実です。

　こうした観点から、所有することにあまりメリットがないのであれば、時期を見て早期売却をした方がいいかと思います。

　大阪の物件は買値も安いのですが、売値も安い、賃料も下落率が高いエリアもありますので、正直なところ出口が取りにくいケースがあります。

　したがって、売却を前提に検討することをお勧めいたします。

　ここ数年は物件の売価が比較的高めなので、市況が下落

傾向にならないうちに売却するとよいでしょう。

Q7

区分マンション の相談事例

新築ワンルームマンションを
保有すべきか売却すべきか。

....

T．Tさん 〈年齢〉31歳 〈年収〉620万円 〈貯金〉1,000万円

5年前に新築ワンルームマンションを3件購入しました。1件は大阪1,890万円（ローン1,650万円、変動金利2.875％、35年）、2件は京都で1,820万円（ローン1,810万円、変動金利2.4％、35年）のものです。いずれも駅から10分前後の立地です。家賃収入は1件につき6万5,000円。返済額はそれぞれ月々6万3,000円で管理費はそれぞれ7,700円くらいです。

節税や年金対策などの説明を受け、納得して購入したつもりですが、結婚など自身の環境が変化したこともあり、今後も保有するべきなのか、悩んでいます。

年34万円ほどの持ち出しがあって赤字です。今後、金利が上昇したときなどのリスクも考慮すると、家族に迷惑をかけてしまうのではないかと不安でたまりません。

　税金のことを考えて5年は保有してから売却を検討する方がよいのか、場合によっては損切りしてでもすぐに売却をしてしまう方がよいのか、あるいは5年後も保有し続ける方がよいのか？　と考えても答えが出ません。

　アドバイスをお願いします。

　大阪圏のマンション投資は、物件価格が東京都内と比べる割安感がありますが、最終的な出口が取りにくいのが現状です。

　新築時の賃料も比較的高めですが、築10年以上になると徐々に値下がり傾向になります。大阪市内でも場所によれば需要もあり、投資の維持・継続が考えられますが、エリアによってはワンルームの20平米前後で賃料が5〜6万円という現実があります。

　また、大阪市内では更地があればワンルームマンションかホテルの建築用地となっているのが現状で、賃貸住宅はかなり供給されており、需要とのバランスが悪く飽和状態

にあります。そういう見方ができる理由のひとつは、新築の賃料の方が築浅の賃料よりも安い賃料設定で入居募集を行っているからです。したがって、入居者は移動民族のように新築物件に転居してしまいます。

大阪市内は狭いエリアですから、多少遠方に転居しても、地下鉄などの利便性があるので入居者にとっては影響が少なく、安価な賃料などの条件のいい住まいに移っています。

そう考えると、築浅の売値が高く、賃料も高い期間に売却しておく方がよいでしょう。

また、京都市内の物件は、市内の大学の学生の需要が根強くありますが、大阪市内同様にエリアによっては厳しいケースもあります。

したがって、保有物件の調査後に売却か保有かの判断にはなるでしょう。

以上の点を踏まえて、現状では5,270万円の借入れがあり、年収から見ると住宅ローンは借りにくい現状です。

もしも今後、自宅を買うという話になった際には、投資用のローンがあるために融資不可の場合も想定されますの

で、所有している意味がないとお考えになるのであれば、早期に売却しておく必要があります。

　加えて、年間で34万円の持ち出しがあるとのことですが、5年間で170万円、10年で340万円ものムダな支出がある状態です。保有を前提とする場合には、将来に渡って支出があることも考慮すべきでしょう。

Q8

一棟モノのマンションやアパート の相談事例

マンション投資をして成功しますか。

Ｙ．Ｔさん　〈年齢〉35歳　〈年収〉1,000万円　〈貯金〉800万円

　業者からの投資用マンション一棟購入の勧誘がありました。厳選して仕入れているマンションだそうで、立地その他悪くはないように思います。

　しかし、どのマンションも家賃で回収するのに約20年かかり、その先のことは時代も含めわかりません。マンション投資というものはそれほどよい投資とは思えなくなりました。

実際のところ、20年くらい前に始めて成功している人は
いるのでしょうか？

　家賃で回収するのに20年間かかるということは、賃料相
場に比べ、物件の価格が比較的に高い可能性があります。
　不動産投資は長期間にわたって一定の収益を求めるもの
と考えたいところですが、個々人の場合では、大手の不動
産会社のような巨大資本をもとに投資を行うことは難しい
ため、一定の大きな収益を上げることはできません。
　むしろ、どちらかと言えば一定の期間に稼がせて、ある
ときに売却し売却益を求めるというケースが多いものです。

　ただ、どういった場合であれ、いかに安く物件を購入す
るかは重要なポイントになり、リスクの軽減になります。
　また、業者が厳選して仕入れているということは、物件
価格に業者の利益が乗っている可能性は高く、賃貸の管理
までもこの業者が行うとなれば、業者が儲かるだけになっ
てしまいますので注意すべきです。

　可能であれば、物件探しや賃貸管理などは業者任せにせず、ご自身で探索などをされて収益が上がるようにしておくべきでしょう。

　こうした点を考慮して、投資の是非を検討されてはと思います。

Q9

　　一棟モノのマンションやアパート の相談事例

老後のためにアパート経営を
考えています。

K. Oさん　〈年齢〉40歳　〈年収〉1,000万円弱　〈貯金〉500万円

　離婚し、子ども2人を育てながら賃貸アパートに住んでいます。

　戸建購入も検討したのですが、物件を見に行く時間が取れません。また、いずれ子どもたちが巣立てば独りになるため、ファミリー用の家を購入してもあまり意味がないかなと考え、一棟アパートを購入計画しています。

　新築6,000万円、1Kが6室のアパートで、駅から徒歩5分、周囲はコンビニなどが充実していて活気があるという

立地です。利回りは7.8％です。

　気になるのは大学がすぐそばにあり、周辺も安いアパートだらけで、環境が引っかかります。

　老後のことも考えると、まずは投資物件がほしいと考えています。素人のアパート経営は難しいでしょうか？

　投資物件を購入する際は、「その購入目的がどういったものなのか？」と目的を明確に持つことが大切です。

　それにより、物件の価格、利回り、賃貸借契約の内容などを吟味し、購入の良し悪しを検討しなくてはなりません。

　また、将来の少子高齢化で入居率が悪化しないような間取りや設備となっているかもチェックすべきです。

　東京の空き家状況としては、都心から30〜50km圏内で、借家の5戸に1戸、50km以遠では4戸に1戸が空き家になっていると予測されています。

　こうした背景を踏まえ、アパート経営には空室対策を踏まえた経営計画を立ててから、購入の良し悪しを判断すべ

きでしょう。

　さらに、購入後には入居者の管理もありますので、簡単には考えない方がいいでしょう。

　賃貸の募集や管理はもちろん不動産業者が行う場合もありますが、それにはコストがかかります。この辺りもどうされるかを検討すべきでしょう。

　なお、ご自身の年齢から将来の自己用の住居に関しても、永久に賃貸に住むのであれば、その場合の賃料の原資は何かを考える必要があります。賃料は払えなくなるという判断をするのであれば、住宅購入を検討すべきでしょう。

　どうしても、不動産収入をある程度確保したいというのであれば、賃貸併用の住宅を購入するという選択肢もあります。

ビジネスパーソンの心の隙間

1億円、資産の魔力

「X様、これであなたは『億り人』の仲間入りです。おめでとうございます」

都内在住のXさん。実家あり。独身。40代後半、大手企業に勤めるキャリアウーマン。年収は約1,000万円。預貯金も潤沢。

しかし……。

不動産投資会社の言いなりになって、新築区分ワンルームマンションを4戸購入し、「億り人」になったと言います。ただし、「億り人」と言っても、実際は1億円の借金をしているだけで、それは資産とは言えません。当然、ローンの返済が終了した時点で、自身の資産になるのです。

Xさんは自身の資産運用のために、ＦＰに相談もしてい

ます。それなのに、弊社に電話をかけてきました。

「もしもし、アネシスプランニングさんですか？　寺岡さんのご著書を読んで、お電話さしあげました」

「どうも、ありがとうございます。それで、ご相談内容はどんなことでしょうか？」

「最近購入した投資用マンションについて、ご相談したいと思います」

「その投資用マンションについて、何か気にかかることがあるということですか？」

「はい。老後の資産用に購入したので、本当によい投資だったのか、検証していただきたいと思いまして」

「わかりました。それではご指定した日時に当オフィスでお待ちしております」

　Ｘさんは見た目も若々しく、聡明な感じの爽やかな女性でした。

「それでは、資料を見せていただけますか？」私がそう言うと、白い封筒を渡してくれました。

その内容はじつに酷いものだった。新築で2,500万円の物件を4戸。それも都内23区にあるものの、いまひとつパッとしないエリアにあって、同じような物件を購入してしまっていた。また、借入れのローンも比較的高利率で、これではどう考えても投資としては不適格。

「はっきり言いますが、Xさんの購入した物件は、いますぐに損切した方がよいと思います」
「えっ、いま、なんと言いましたか？」Xさんは怪訝な顔をして、不満そうに答えた。
「残念ですが、悪い買い物をしてしまったようです。簡単に計算してみましたが、年で200万円の利息の支払いがあり、このまま5年間持ち続けると1,000万円の損が出ます」
「は、はぁ、そうですか……」まだ納得していないようだった。
「Xさんだったら、絶対にすぐ理解していただけると思って、計算を見せたのですが、まだわかりませんか？」
「はあ、わかるんですけど、なんだかまだ信じられなくて……」
「それでは、じっくりご検討いただいて、納得できたら、またご来社ください」

その後、Xさんからメールがあり、他の第三者機関に相談するとのことだった。

　それにてしても、ここ数年、このXさんのような人々の相談が増えました。

　プロフィールを見れば、社会的にステータスの高い人々。しかし、なんらかの「闇」を抱えているとしか思えない。現実を直視するのが嫌なのか。自分が失敗していることを絶対に認めない人々の相談がやまない。

月2万円、返済の軽さ

「戸当たり月々5,000円のマイナスですが、これは保険だと思えばいいんです。月2万円で『億り人』になれるわけです。しかも、ほとんどノーリスクです。新築区分マンション投資はローンで購入すれば団信が適用されますから、万が一のときにも安心です」

　これが不動産投資会社の論理ですが、言うなれば詭弁。実際のところ、借金がチャラになるのは、当の本人が亡くなったときか、ローン完済後なのです。

　当初月2万円の持ち出しが、5年経ち、10年経つと、さ

らに負担が重くなっていきます。気づいたときは、老後資産と考えていた運用は逆ザヤになっていて、なんのための投資だったのかがわからなくなっていくのです。

　こういったケースは後を絶ちません。不動産投資の実態は、私が『不動産投資は出口戦略が９割』を上梓した2016年当初と変わっていません。というか、より酷くなっているとも感じます。

　不動産投資会社の営業戦略は巧妙です。数字のマジックを利用して、「月々5,000円」という切り札を切ってきます。そのマイナスぶんは、投資家にとって「大したことがない」と錯覚させられてしまいます。

　これを35年返していくという計算は、ふつうの人ではパッと浮かばない。だから、それくらいの負担であれば、購入してしまおう！　という心理がはたらいてしまう。

　そこに大きな罠がある。

　その罠にひっかかってしまった人々は、たいていは「見てみないふり」をする。それは、いつかどこかで見た光景

にも思えます。

　そう、倒産している会社や、破たん間近の自治体のようです。

思考停止社会からの希望として

　現実を見ない、もしくは、見たくないという人々の心理は痛いほどわかる。

　Ｘさんのように
「は、はぁ、そうですか……」
　と、他人事のように、現実から逃避する。そういった反応をする人々がいる。

　なぜ多くの人々がこのようになってしまったのか？
　そんな相談者が日夜、日本橋のオフィスに出入りしている。

　もちろん、コンサルタントの立場で私はそのような人々を救いたいと思って、画策し、提案はする。

　しかし、不思議なことに、人は「投資で損をする」とわ

かると、それを覆い隠したがり、目の前の現実を「なかっ
たことにしたい」という心理がはたらく。

　それでも、私はクライアントに向き合い、彼ら彼女らの
力になっていきたい。
　なぜなら、希望を抱いてそもそも不動産投資したのだか
ら、あきらめないで、少しでもよい人生を歩んでもらいた
いと思うからです。

　そんな日常の中で、またオフィスに一本の電話がかかっ
てきた。

「もしもし、いやー、なんだか不安になっちゃってさぁ。
おたくプロでしょ、不動産の。この前買った物件の査定を
お願いしたいんだよね。あっ、今度の日曜日なら空いてい
るんだけど……」

　　　　2020年　夏

　　　　　　　　　　　　　　　　　　寺岡 孝

【著者略歴】

寺岡 孝（てらおか・たかし）

1960年東京都生まれ。アネシスプランニング株式会社代表取締役。住宅コンサルタント。住宅セカンドオピニオン。大手ハウスメーカーに勤務した後、2006年にアネシスプランニング株式会社を設立。住宅の建築や不動産購入・売却などのあらゆる場面において、お客様を主体とする中立的なアドバイスおよびサポートを行い、これまでに2000件以上の相談を受けている。東洋経済オンライン、ZUU online、スマイスター、楽待などのWEBメディアに住宅、ローン、不動産投資についてのコラム等を多数寄稿。著書に『不動産投資は出口戦略が9割』『学校では教えてくれない！　一生役立つ「お金と住まい」の話』（クロスメディア・パブリッシング）がある。

【主な取扱分野】
●住宅コンサルタント（不動産売買・注文住宅建築等の相談、サポート）
●不動産投資コンサルタント（投資用マンションなどの売買・収支改善の相談、サポート）
●住宅ローンコンサルタント（新規借入・借換え・見直しの提案、ローン取次等）
●保険コンサルタント（生命保険・損害保険の見直し、提案等）
●相続コンサルタント（相続対策等の相談、サポート）
ホームページ https://www.anesisplan.co.jp
お問い合わせ・ご相談はこちら info@anesisplan.co.jp

不動産投資の曲がり角で、どうする？

2020年9月1日　初版発行

発行　**株式会社クロスメディア・パブリッシング**

発行者　小早川 幸一郎

〒151-0051　東京都渋谷区千駄ヶ谷4-20-3 東栄神宮外苑ビル
http://www.cm-publishing.co.jp

■本の内容に関するお問い合わせ先 ⋯⋯⋯⋯⋯⋯⋯ TEL (03)5413-3140／FAX (03)5413-3141

発売　**株式会社インプレス**

〒101-0051　東京都千代田区神田神保町一丁目105番地

■乱丁本・落丁本などのお問い合わせ先 ⋯⋯⋯⋯ TEL (03)6837-5016／FAX (03)6837-5023
service@impress.co.jp
（受付時間　10:00～12:00、13:00～17:00　土日・祝日を除く）
※古書店で購入されたものについてはお取り替えできません

■書店／販売店のご注文窓口
株式会社インプレス 受注センター ⋯⋯⋯⋯⋯⋯⋯ TEL (048)449-8040／FAX (048)449-8041
株式会社インプレス 出版営業部⋯⋯⋯⋯⋯⋯⋯⋯⋯⋯⋯⋯ TEL (03)6837-4635

カバーデザイン　城匡史（cmD）　　　　　校正・校閲　konoha
本文デザイン　安井智弘　　　　　　　　　印刷・製本　株式会社シナノ
©Takashi Teraoka 2020 Printed in Japan　ISBN 978-4-295-40375-3 C2034